FUTURE

FUTURE

神譯。

看眾神如何透過現代靈媒
寫下世間生死演繹

蔡君如 著

謹以本書
獻給
法印佛堂與諸神菩薩

感謝

完成一本書就如同建造一棟建築物，不僅工程浩大，還需要非常多的力量來支持，在此我要非常感恩我的老闆們，祂們是本書背後最大力量的支持來源，也是所有因緣的促成者。

再者要感謝出版界的一批專業菁英部隊，因爲有了你們，才能將這本書傳遞到生命的每一個角落，讓所有看見我們的人及非人，都能成爲我們的讀者。

更要感謝我親愛的家人，謝謝你們對我的付出以及無條件的愛與包容。還有我身旁的每一個朋友，你們所有的鼓勵與協助，都是支持我再繼續、再努力的動力來源，謝謝你們！我非常愛你們每一個人。

最後還要感謝另外一個空間的朋友們，給了我如此多你們和我的分享與關照，以及能量、訊息與內容的傳達連結，才能使得這本書順利完成。

讓我們的生命中永遠有著一份追求！可以讓更多人學習到，如何用生命的力量去維護、尊重和愛這個世界，**使生命存在於「價值」之中**，並且帶著自己朝理想方向前進，愛我們的世界，以及爲人間留下平和的淨土。

作者序

無法抗拒的天命

佛菩薩在安排一個能完全遵守法度、遙控通訊的左右手來替祂們辦事時，是要經過精心設計、打造的。一段段看似尋常的世間故事，其實都是依照祂們最初的規劃和劇本在走。

而佛菩薩用來溝通、傳達的通訊器材（通訊人）是否有依照程序進行，也要隨時受祂們監控。如果偏離航道太遠或失控，就會解除內建在通訊器材（通訊人）中的晶片，喪失上傳、下載或資料查詢等功能。更嚴重的，甚至還會直接銷毀器材（通訊人）。

我的外表雖然和常人沒有兩樣，但腦中已被內裝異於常人的搜尋系統；身體器官雖然和常人一樣，但其實也被加裝時空透視與感應器在內。所以，我身體從頭到腳的**所有權**可說都不是我的，內部所有儲存的記憶（硬碟）也由不得我任意刪除，身體機能、構造也不是說破壞就能破壞。

但不只是我，所有「領照辦事」的神職人員都是如此。只是時間久了，必須檢查晶片是否依然純淨、是否有精進更新（updates，閉關）。一旦稽查發現違法行爲，嚴重者還會吊銷牌照或招回公審。

由於天條法規查詢不易，所以陽世間的人很難全部都懂，就像人間很多法律知識也不是人人都能理解一樣，才會讓違法之人到處都是，甚至連自己違法都不知道。

而且天條法規相當嚴格，面對違法的人，懲處絕不寬待，像是會銷毀晶片或是吊銷牌照等。但如果吊銷牌照後還繼續違法執事，最後就會被招回公審。

我出生眷村，家中排行老四。父親是在空軍作戰指揮部行駛戰鬥機的飛官。抗戰時期，父親也曾滿懷保家衛國的抗日情操，駕駛軍機，冒著生命危險，飛越敵空進行偵查工作。

由於當時父親的工作攸關全台人民存亡，責任之大也讓他年紀輕輕就罹患肝病，在病魔的摧殘下，年僅四十出頭就因肝硬化撒手人間，不捨地留下媽媽、姐姐們以及襁褓中的我。

大約二歲左右，我就對音樂情有獨鍾，對旋律相當敏感，只要聽著電視廣告歌曲，就能立即以「卡西歐」將旋律彈出。儘管是只有十二琴鍵的小型電子琴，我也可以彈出當年流行的兒歌，像是《兩隻老虎》、《小星星》、《妹妹背著洋娃娃》及《茉莉花》等，得意的邊彈邊唱，所以卡西歐和我就成了當時家人間的開心果。

但我有一個祕密，就是我有一雙異於常人的眼睛，能在夜晚的黑暗中，自動開啓如紅外線般的掃視功能，就像夜視鏡一樣。

雖然這在白天較不費力，但不管什麼時候，只要是出現在我眼前的無形衆生，一個都不會漏掉，就像我們站在街上望著街景，往來的行人和車輛會自動映入眼簾一樣。但這個祕密只有我知道，因爲一般人的眼睛是無法透析出來的。

我對爸爸並不陌生，因爲從我有記憶以來，就時常「看到爸爸」，看到他固定到部隊上下班、看到他重複著固定作息。

人高馬大的他身穿卡其色軍裝，每當我想看清他的臉時，卻又總是看不清楚，彷彿被煙霧遮住一樣，只知道眼前的人是「爸爸」。

回到家中的爸爸很少說話，只忙做自己的事。有時會坐在院子門口發呆，看著街景，啃著他愛吃的白饅頭。

奇怪的是，每當我想跑去找他，就會不知從哪吹來一陣風，讓我很難睜開眼睛，頭還會昏昏的，等我好不容易張開眼睛時，爸爸就不見了！類似這樣，他常在我面前上演這種戲碼。

有時，爸爸還會在我晚上睡得迷迷糊糊時叫醒我，我仰頭看見他微笑對我眨眼，示意別吵醒一旁熟睡的媽媽，說要抱我出去玩。在我年幼的心裡，其實也沒想那麼多，聽到爸爸要帶我出去玩，就開心得跳到他身上，像隻無尾熊一樣，緊緊抱著他。

到了我上幼稚園後，爸爸回家的次數愈來愈少。傍晚時，我常站在院子門口等著爸爸下班。西下的陽光照在小臉上，直到天空升起一輪彎月，牆壁上噹噹響的時鐘就這樣一分一秒過去。連鄰居阿姨、嬸嬸們都忍不住問說：

「妹妹，爲什麼妳每天都要站在這裡東看西看呀？」

「在等爸爸回家呀！」聽我這麼回答，她們的神情馬上都變得很奇怪。

終於有一天，我問了媽媽：「爸爸呢？爸爸去哪兒了？為什麼他都不回來了？」

這些問題是媽媽一直以來最怕面對，也不知要如何向我說明的隱憂。所以頓時張著嘴、呆站在那不知如何回答，直到一會兒後才說：「喔，爸爸呀，他現在去很遠很遠的地方上班賺錢，沒辦法回家。妳要乖，等妳長大以後，他就回來囉！」傻呼呼的我，還一直希望自己快點長大，這樣爸爸就會回來了。

到了小學三年級，因為始終盼不到爸爸，所以我又向媽媽提起：「爸爸到底去哪兒了？他已經好久沒回來了！」

可是這次媽媽什麼也沒說，只是對著我大吼：「妳不要再一天到晚胡說八道好不好！妳爸他死了，他死了！」

小腦袋根本沒聽懂大人的意思，心想「明明爸爸以前想我就會回家，為什麼現在不回來了？」我實在無法理解，也無法理解為什麼媽媽要一直掉眼淚。

往後我會趁著放學的時間，跑到附近圖書館去找有關死亡或靈魂的書籍來看，希望能從書中解開我心裡的疑惑：人死了到底去哪？可以問誰？又有誰可以回答我？

後來我聽學校老師說，只要對著天上星星許願，願望就會實現。我有寄託了！所以我把「對著天上星星說話」當成我的功課之一，因爲大家都不相信我的話，但我說的是眞的！我沒有騙人，爸爸眞的還在！

之後，來了一位身穿白衣的仙女，跟很多卡通裡的仙女一樣，祂摸著我的頭，安慰我說：「孩子，妳辛苦了！天上有一顆星星就是爸爸變的，以後想爸爸的時候，就抬頭看看星星。我和爸爸會一直在上面守護妳、照顧妳的。」

「妳是誰啊？」我問。

「我是天上派來教妳的老師呀！」白衣仙女溫柔地對我說。

「老師？」單純的我開心了，因爲仙女老師告訴了我爸爸在哪裡，原來我的爸爸已經升官變成星星王子了呢！

一個思念爸爸的孩子，在求助無門時，因爲信了當時爲她解惑的觀世音菩薩的話，從此便與佛菩薩們結下一段很深的緣。

喜歡音樂教學的我，一路走來，受到菩薩許多照顧。雖然也曾幾度與菩薩老闆們溝通、爭取，但最後還是放棄音樂教學這條路，選擇菩薩安排的代言角色——**神譯**。

二十七歲接聘，開始擔任神職人員的工作；三十一歲成立法印佛堂，於民國九十三年正式坐落在新店的悠悠山谷中。

本書透過第一人稱表現，敘述人們生活裡的各種際遇，即使受到挫敗與打擊，也能從書中得到一絲光明、一點希望，產生永不放棄的精神力量，作爲啓發。

書中收錄的眞實故事並非什麼深奧難懂的大道理，只是讓我們在遇到事情時，能有一些生活智慧從中而生；讓你在檢視人生各項環節時，也能了解每件事情之所以發生，其實都有它的緣分存在；讓所謂的生、老、病、死，人生的酸、甜、苦、辣都有全新註解；也讓我們能再退一步去看、去感覺。你會發現，這未嘗不是珍貴的人生試煉！

佛法的相信，是告訴我們要在生活中從事讓自己平靜、快樂和自信的事；佛法的修持，是讓我們去認出自己原有的潛能，並且知道如何看待自己生命中的那些遭遇，爲自己注入光明心性，成爲良善、慈悲且圓滿具足的人。

在我心中，一個宗教的信仰，不用一定是佛寺，也不需要複雜道理來詮釋，只要我們用眞心和智慧，就能建立屬於自己的廟宇。

目錄 /

前言 靈媒體質

很多人對「靈媒體質」這個詞充滿好奇，也產生許多疑惑與矛盾。究竟，這是怎麼一回事？首先，「靈媒」肯定是人，而且是具有肉體的人，只是靈魂與肉體結合後，合作頻率會高於一般人。

擁有靈媒體質的人不僅對周遭環境的感應較一般人來得快速、敏感，更具有一般人難以想像的特殊能力。好比早期手機只有通話和簡訊功能，但到了現代更多了上網功能，成了具特殊功能的產品。

其實，「感應能力」人人都有，差別只在於有沒有被開發出來而已。一些體質敏感的人經過磁場不好的地方，磁場與磁場間會產生碰撞。當磁場與磁場交錯後，身體會因爲排斥外力磁場而出現頭暈、頭痛、想吐、打嗝等反應（也就是俗稱的「煞到」），這就是靈體的能量頻率接收到外在大環境的磁場後，所碰撞出不平衡頻率的結果。

這樣說或許有些人還是不明白，下面我再以其他例子說明。

小時候大家應該都做過一種實驗，就是將整株芹菜插在紅墨水中。因爲芹菜的莖會吸收水分，所以最後整株芹菜都會變成紅色的。另外一個實驗是在一杯清澈的水中，滴入幾滴黑色墨水。很快地，黑色墨水就會擴散到水中各處。

同理，我們將實驗轉移到人體上。如果濁氣密度高的人靠近濁氣密度低（靈媒體質或敏感體質）的人，濁氣自然會往低的地方去，而濁氣密度高的人就會變得比較乾淨。此時就要考驗那些具靈媒體質或敏感體質的人能承受或淨化多少濁氣雜質的能力。所以排濁時，身體會以打嗝、抖動或其他方式來進行體內代謝，這些都是自然的反應。

你是否對具有靈媒體質的人能看到、聽到或是感應到不同於一般人的特殊能力而覺得神奇？這在一般民間道教書籍中，稱之爲「天眼通」、「天耳通」或「他心通」。

如果以手機爲例，好比靈媒用的是3G智慧型手機，而一般人用的是2G手機，所以靈媒上傳及下載頻率（脈衝）、速率（一〇〇〇GB或TB的數位光纖）要比一般人快上許多，容易蓋過一般人頻率。也像藍芽耳機一樣，不需要經過實體線路就能接聽電話、音樂，輕鬆讀取任何記憶卡中的資料（下載）。

只要在3G手機中輸入網址，就可經由基地台連線上網，找到查找頁面，讀取或下載訊息。所以對具靈媒體質的人來說，只要告知他們你的住家地址，他們就能經過你這個基地台，立即觀望你家中的情況（天眼通）。

而2G頻率就是2G頻率，範圍數值是固定的，所以除了和一般人通話之外，並沒有上網功能，看不到多媒體網頁；可是3G智慧型手機的頻率高，所以除了可以上網之外，還可以看電視。由此可知，靈媒體質的人之所以能感應到一般人所感應不到的，就是因爲頻率高低、範圍數值的原故。

此外，靈媒體質的人也可以感覺你的思緒、讀取你的前世。因爲人在動念的時候，就像是手機開機的狀態。使用手機時，機體本身會發出電磁波；而人在動念時，也會發出「念力波」。

靈媒體質的人頻帶寬度很廣，就像收音機可以接收FM、AM等多重頻道的廣播一樣，可以攔截人的念力波，具有「他心通」的特殊能力。

如果你也加裝以上功能，同樣可以看得到、聽得到、感覺得到，或是讀取任何人的前世檔案，而且方法就只是連上對方記憶卡來看裡面的資料而已。可惜一般人並沒有「設定密碼」的技術與能力，所以資料很容易就被看光，這可是比網路駭客還要厲害呢！

具靈媒體質或敏感體質的人，因為頻帶範圍很廣，很容易什麼都吸收的到，所以在未經過訓練或許可前**（網路註冊＝上天註冊）**，如果任意上網偷看，是很容易卡陰（網路中毒）的。但只要經過訓練或註冊，就能增強、增厚自己保護網的密度，形成保護體。

舉例來說，利用篩網過濾泥沙中的大、小沙石，如果篩網的縫隙小，顆粒大的沙石就無法通過；反之，如果篩網的縫隙大，沙石自然很容易通過。對靈媒體質或敏感體質的人來說，保護網就類似這面篩網，愈訓練，密度就愈高，保護網的縫隙也會愈密實。而濁氣就如同碎石或粗石（陰氣與負能量），即使要侵入，但在通過保護網時，就會被反彈回去，最後能通過保護網的，大都是良好且高頻正向的好能量。

人生的重心

每個人出生來到世上，會因爲前世累積的因果業力，定下舊有功課或使命必須完成，從業緣而成的當前境遇，造就出每個人生活環境上的不同。

每個人一生中也會有許多需求與期望，雖然看似是不同的追求，但這些需求的共同點，就是每個人都希望自己能幸福快樂一輩子。

「心」是感受喜、怒、哀、樂的主宰者，當心感受到的是喜、樂時，那麼即使環境再惡劣，也不會影響我們；但如果心正在苦痛，那麼即使環境再好，也無法讓我們快樂。所以，一切幸福的根源都是來自於「心」。

心念又稱「萬物的先導」，也是開啓正、負磁場的能量之鎖，整個宇宙世界都是以「心」作爲世界的製造者，而製造心念的工作室，就在你自己身上（內心）。

佛陀的一切教法，皆在降伏內心（也就是修心）、轉化內心（也就是轉念）。每個人從落地到離開人間，會在生活中遇到各種學習，而其中的酸、甜、苦、辣就成爲我們的生活經驗。

我們不斷改變心態、調整想法，目的就是希望能在最後達成自己的目標，讓願望實現。可是一旦身心遭受苦痛的刺激，就要積極檢視錯誤。

一次失敗不是終身失敗，如果無法面對問題，選擇逃避，只會把自己封鎖在一個無助苦痛的深淵，不斷重蹈覆轍。心靈如果缺乏足以平衡的力量，是無法將平靜帶到自己內心、找到快樂的。

人生的重心在於你能否給自己一個生活目標去前進、去精進，找出精神力量的支持來源與心靈寄託的方向。人活著除了基本食、衣、住、行等需求之外，還要有心靈上的依附與寄託，以及精神力量的支持。

在大目標裡，每天給自己一個生活的希望，再加上促動完成希望的力量——愛。當信心與愛的力量結合在一起，人生就沒有無法完成的事了。

生命的價值，在於不斷學習，坦然面對，檢視生命中不足的缺口，也讓生命隨著生活的學習來調整，使得心靈能成長前進。

將愛的智慧、愛的寶藏，貢獻付諸於人群中。在樸素純淨的智慧心中，表達自己對眾生愛的眞諦——眞、善、美。

所謂「欲爲苦之因，欲止則苦除」，隨時抱持著這樣的信念，內隨願，外隨緣，生活就能隨願、隨喜，自在快樂！

鶼鰈情深處，此情若比天

人的價值不在財富多寡，在於你能否成爲別人需要的人。

我的好友璦菱是位單親媽媽，與丈夫離異後，便獨自一人撫養兒子立宇。對兒子所投注的關愛與呵護，無異於一般家庭，只是偶而還是會碰上分身乏術的時候。

二〇〇八年九月開學，璦菱託我去參加她就讀國一兒子的家長座談會。在這場家長會中，我認識了立宇的班導孟老師。

孟老師年近五十，有一雙明亮柔和的眼睛以及兩個甜美酒窩，笑容相當親切，讓人印象深刻，言談中更可感受到她對孩子的愛心與耐心，尤其對立宇更是多了一份用心。就這樣，璦菱與孟老師建立了不同於其他家長的互動關係。

之後在一次與璦菱的聚會中，我和孟老師又再度碰面。雖然許久未見，但因為孟老師為人親切，也讓我們像多年不見的好友一樣，無話不談。

從聊天中得知，原來孟老師出生書香世家，父母都是大學退休教授。家庭和樂，尤其父母的感情更是恩愛，從年輕開始便相互扶持，就連小孩從小到大都未曾見過父母吵架，經常羨煞旁人。

這次聚會雖然氣氛輕鬆，但我發現孟老師似乎有點坐立難安，神情也有些焦慮，不是一直接電話，就是一直在回電。

「怎麼了嗎？」我關心地問。

「最近天氣忽冷忽熱，讓爸爸有些不太舒服。我二哥在科學園區上班，因為還沒結婚，跟父母住在一起，所以最近常麻煩二哥請假，帶爸爸進出醫院做檢查，請他多多注意。」聽到我的關心，雖然孟老師以微笑回應，但言談中，仍然可以感覺出她的不安。

「那情況還好嗎？」聽到孟老師這麼說，也讓我有些擔心。

「其實爸爸年輕時就有心臟問題。原本以為已經沒事，沒想到近來又開始出現刺痛、胸悶，喘不過氣的情況。

因為媽媽非常擔心爸爸的狀況，所以每次爸爸到醫院，媽媽都很想跟去醫院陪爸爸，但我們也擔心她的體力，畢竟年紀大了，禁不起來回車程奔波，體力也沒辦法負荷，就請媽媽待在家裡。

但有時家中就剩她一個八十歲的老媽媽獨守，我也很不放心，所以只能一邊用電話來了解爸爸的檢查狀況，一邊安撫媽媽。到了假日，再和先生趕回南部陪媽媽。」

不知為何，這年立冬過後，交節氣使得氣溫變化特別劇烈，常常忽冷忽熱，又濕又冷，連身強力壯的年輕人都受不了了，更何況是老年人呢？果不其然，一天清晨，我突然接到孟老師來電。

「蔡老師，我爸爸昨晚突然昏倒了！二哥已經緊急叫救護車送他到醫院，現在醫生還在會診，到現在都還沒有清醒。怎麼辦……可以請妳幫我看看爸爸現在的狀況嗎？」電話裡的孟老師非常焦急。

「妳先別急，好，我來查查看！」我請孟老師告訴我孟爸爸的生辰八字，閉上眼睛，開始搜尋相關線索，發現此刻孟爸爸因腦部缺氧，處於輕度昏迷狀態，而且腎臟也開始衰竭，建議孟老師還是盡快趕回南部。

隔天，我又接到孟老師來電：「蔡老師，爸爸昨晚已經轉送加護病房了！因為呼吸衰竭，所以做了緊急插管處理。怎麼辦？爸爸過得了這一關嗎？我要怎麼跟媽媽開口……」電話那頭的她，聲音聽起來相當慌張、無助。面對這一連串問題，實在讓我不知道該如何開口對她說出真相，「因為爸爸的陽壽已盡，這次是個大關卡……」。

「蔡老師，妳幫我請求菩薩幫忙爸爸度過這關好不好？」在我還不知道如何開口時，孟老師已經提出這個請求。

「每個人總是會碰到這天。爸爸一輩子都在積德行善，所以沒碰過什麼災難或病痛。現在這個時候，做子女的更應該盡力去做些對的事情，不要讓爸爸在這個節骨眼上受苦。」我開始試著勸導。

「那我們還能做些什麼？」孟老師問。

「你們可以開始為爸爸念經，迴向給來討報的業障，讓祂們離苦得樂，往生善處。只要持續下去，一定可以減輕爸爸的痛苦。我也會把妳們的祈求轉告菩薩，菩薩自有安排。」我說。

接下來幾天，我都沒有接到孟老師電話。後來聽璦菱說，孟老師還在請假中，目前班上由代課老師暫代，所以也不清楚孟爸爸的情況。

這讓我有些擔心，於是我找出孟老師南部家中電話，想要了解一下目前的情況。電話那頭接起，原來是孟老師的大嫂。

「妳好，我是孟老師台北的朋友，姓蔡。」等不及我把話說完，孟大嫂馬上說：「我知道我知道，妳就是那個會通靈的蔡老師嗎？」

「是呀！」原來孟老師早就把我的事情像是在說科幻小說般，說給全家人聽了。難怪雖然從沒見面，大家卻好像跟我熟識很久一樣。

我詢問了孟爸爸的近況，大嫂無奈地說：「目前還在加護病房，但似乎有稍微恢復意識，倒是媽媽反而開始讓人擔心起來。我們也是接到小妹的求救電話，說她和大弟已經忙不過來，才趕緊從美國回來幫忙的。」

大嫂接著又說：「自從爸爸住院後，媽媽常常擔心到無法睡覺，一直吵著要去醫院看爸爸。但帶她去了，回到家後又只見她呆坐沙發，猛擦眼淚，讓我們看了好心疼。所以小妹才說家裡一定要有人陪媽媽，免得她胡思亂想。」這種處境聽在我們外人耳裡，頓時也不知該如何是好。

過了八天，我接到菩薩指示，說她已經幫孟爸爸安排好了位子，我聽了思緒一轉，就問菩薩：「什麼時候要接？」

菩薩回說：「妳先請他家人做好心理準備。這件事要所有兒女都同意才算圓滿。」

接到菩薩指示後，我立刻連絡孟老師，詢問孟爸爸現在的狀況。

「從昨天凌晨開始，爸爸就發燒不退，還出現間歇性抽蓄。醫生檢查後說他肺部感染，目前正施打抗生素治療。」聽完孟老師的描述，我終於知道菩薩為何要下旨了。

我將菩薩的話轉達給孟老師，頓時電話那頭安靜了下來。一會兒後，才聽見孟老師用顫抖的聲音說：「好……我再跟哥哥們說。」

聽到自己敬愛的父親即將離開的消息，想必會為他們帶來不小煎熬。但幾經討論，最後還是由孟大哥打電話給我。

「蔡老師，我們兄妹都不忍心再看到爸爸受插管、抽痰的折磨了。請妳告訴菩薩，我們很愛爸爸，所以請菩薩來接引爸爸吧！」

就在冬至前一天，寒冬裡的金色陽光照在穿梭往來的人群中，顯得格外溫暖。也在這時，孟爸爸在溫暖陽光的相伴下，安祥地跟隨菩薩走了。

對做兒女來說，看到父親往生固然萬般不捨，但同時也給予父親滿滿祝福，希望祂能在菩薩身邊，繼續發揮祂生前熱心公益的精神，協助菩薩處理更多眾生事務。

至於孟媽媽，當她看見所有子女陸續趕回時，心裡早已有數，但還是無法面對現實，總是抱著那麼一絲希望，等著相依六十年的老伴能回家團圓。

可惜事與願違，自從孟爸爸過世後，孟媽媽就再沒說過一句話，整天無法進食，只是一直看著孟爸爸的照片掉眼淚。

就在孟爸爸出殯前夕，也就是孟爸爸過世兩週後的一個傍晚，孟家發生了一件令人相當不捨的事，就是孟媽媽在毫無預警下，也離開人世了。

孟爸爸出殯當天，根據孟老師描述，他們兄妹親眼看到家中居然飛進兩隻彩蝶，繞著屋子交叉飛舞，還一起休憩在屋梁上好一陣子，之後才又共同展翅飛離。

「我想這應該是爸爸、媽媽在跟我們道別吧！」孟老師微笑地說。

不可避免地，生命裡總有許多關卡需要我們去面對，但真過不去的時候就要放下。或許很多人還不是很清楚「人生的希望與重心」是什麼？文中的孟爸爸與孟媽媽因為感情深厚，一輩子相知相惜、相互扶持，所以當一方過世之後，另一方也似乎跟著走完自己的人生。

人說「命本由天不由人」。不妨好好想想，人究竟要為「生」而活，還是為「生命」而活？人的價值不在財富多寡，在於你能否成為別人需要的人。

艾薩克．牛頓（*Isaac Newton*）的一句經典名言，「如果我看的比別人更遠，那是因為我站在巨人的肩膀上。」意味著愈是謙卑待人，成功的影子愈會緊緊跟隨著你。

現在，就請你仔細想想自己存在的意義與價值，當你找到答案的同時，你就能得到真正的快樂，這才是人生最大的幸福。

戲裝

人生的舞台，常常「假做眞時眞亦假」，許多人就因爲被這樣的「戲裝」給扭曲，以至於在曲終人散後，仍舊無法在自己面前卸下裝來，忘了自己的原貌，找不回自己。

與憶琳相識時，我才二十出頭。當時我們都是在學校教書的專業任課老師，她教英文，我教音樂。因為年輕，大家都很拚，所以除了在學校教書以外，沒課時還會到外面補習班兼課，兩人經常可以在學校或同一個補習班裡碰面。雖然碰面時都只有點頭招呼，但私底下兩人感情還滿好的。

憶琳和我對未來都懷有夢想，也有憧憬，所以滿腦子都只想著工作、賺錢，不像現在年輕人，下了班還會安排各種餘興節目。可是我並不以此為苦，因為當時光靠兼差賺來的薪水就比正職多很多，還滿有成就感的。

之後因為工作轉換的關係，我和憶琳見面的機會愈來愈少，有時甚至二、三年才聚會一次。當時我只知道她父親是小學校長，而且家裡兄弟姊妹很多（好像有十個吧），因為憶琳的父親非常重視教育，所以把每個小孩都栽培到大學畢業。而憶琳的母親則在嫁給她爸爸後，為了貼補家用，也開始在家幫人做起衣服來。

從小生長在嚴父慈母的家庭裡，這對憶琳來說有著很深的影響，尤其父親更是扮演著重要角色，在她心中佔有相當大的分量。

可是，自從憶琳結婚之後，我們就完全斷了聯繫。聽朋友說，婚後她就跟著先生到國外定居、發展。直到某年過年前，我才又突然接到她的電話。

「君如，我是憶琳，我回台灣了。好久不見，這幾年過得好嗎？」

「是憶琳呀！真的好久都沒聽到妳的消息了，我還是差不多耶，沒什麼改變。妳呢？」因為實在太久沒有聽到這位老友的消息，我也關心一下她的近況。

「我呀，其實已經回來半年囉！」電話中的憶琳，聽起來一副輕鬆的樣子。

「這麼好，還可以讓妳休那麼久喔？」我開憶琳玩笑，但電話那頭突然安靜了下來，氣氛似乎有些微妙。後來話筒中傳來她的一聲長嘆，我也沒敢再問下去。但片刻沉默之後，還是由憶琳先開口：「兩個老朋友這麼多年沒見，再來找個時間，好好聊聊吧！」

「當然好呀！」聽憶琳這麼說，我馬上就答應，兩人便相約一天一起去喝下午茶。因為和憶琳已經七、八年沒見，我想應該有很多話好聊，於是找到一家位在陽明山上的新開咖啡廳，那裡環境清幽，比較不會被打擾，說好直接在那碰面。

到了見面那天，我比憶琳先到，在等待她的空閒時間，自己開始無聊亂想，「不知道她有沒有變耶？是胖了，還是瘦了？或是變老了？」正當一個人想得開心時，我看到有一個戴著帽子和一副墨鏡的女人走進來，我想她就是憶琳沒錯，雖然身材略為發福，但聲音沒變，還是很注重打扮。

「嘿，憶琳！」我果然沒猜錯，聽到我的聲音，女人馬上轉過頭來。我向憶琳招招手，她開心地朝我這邊走來。

「好久不見了，君如。」憶琳開心地說。

「是呀，從妳結婚到現在，看有多久了。不過，怎麼會突然回來台灣呢？」我們互相寒暄問候。

其實，我對這次憶琳回來感到有些疑惑，就我對憶琳的了解，事業心重的她，國外事業也經營的有聲有色，怎麼可能願意丟下工作回來度假半年呢？

「妳現在還和妳先生做貿易嗎？」我問。

「可以說有，也可以說沒有啦！」憶琳笑得似乎有些勉強。

「咦，什麼意思呀？我聽其他朋友說，你們做得很不錯耶！」我用羨慕的眼神看著憶琳，可是卻從她眼神中讀到一絲憂傷。

「人生怎麼可能什麼都很順遂！我這趟回來，其實就是打算回來定居的。最近我也一直在想，人生到底還能有些什麼？我一生都在追求突破，但最後發現，這些全部都是假的！」憶琳感慨地說。

「妳怎麼這麼說呢？」我不解。

「君如，說出來也不怕妳笑，我們以前是無話不談的朋友，對嗎？」憶琳表情變得有些嚴肅。

「是呀！」我認真看著她。

「自從我和我先生結完婚後，就到國外做貿易。生意很好，忙到訂單接不完，而且每天工作時間都很長。雖然公司雇用很多員工，但妳也曉得我的個性，很多事情我不太信任別人，所以盡可能都自己來。」憶琳開始敘述婚後的狀況。

「所以妳公司生意會好不是沒有原因的呀！老闆娘都親自操盤了，哪會有什麼失誤呀？」我納悶。

「話是這樣說沒錯，可是損失的地方是連我自己也沒想到的。」雖然憶琳看起來很落寞，可是我也想不透處處精打細算的她會有什麼損失，於是我直接問：「那妳損失了什麼？」

「家庭！」她苦笑對我說。

「家庭？是妳的家庭嗎？」她點點頭，開始慢慢紅了眼眶。

「婚後我的眼裡只有事業，完全忽略了家庭，也沒花心思在家庭的經營上。結婚時，我還任性地跟先生說好不生小孩，一來是因為我不喜歡小孩，二來也是怕有了小孩會絆住自己的事業。」

「所以呢？」我問。

「所以我們兩人為了打拚事業，一個月能碰面的時間用手指頭都算得出來。」

「那後來怎麼了嗎？」我追問。

「就是因為兩個人都各忙各的，中間又沒有拖油瓶絆住手腳，過得相當自由。」

聽到這裡，我的直覺讓我當下脫口而出：「所以……妳先生外遇了喔？」

「對！剛開始我實在無法相信，像他這麼老實的人，竟然也會做出這種事……」憶琳激動地說。

「因為妳很好強呀！」我對憶琳說。

「或許吧！但我還是沒有辦法接受我先生有另外一個女人的事實。」這就是我所認識的憶琳。

「那後來妳怎麼辦？」我問。

「我裝做不知道，每天照樣忙我的工作，日子也就這樣一天天過去。直到有次我到我先生辦公室拿東西，那時他剛好出差不在，我又找不到文件，只好自己動手翻抽屜，結果我在抽屜最底下翻出了好幾張照片。」

「喔喔！看妳的樣子，應該是發現他做壞事的照片吧？」從憶琳臉上的表情，讓我做出這樣的猜測。

「嗯，那些照片是他跟別的女人開心出遊時的合照，而且還不只一次。」以我對憶琳個性的了解，肯定無法接受婚姻中留有這樣的汙點。

「所以後來妳怎麼處理？」我繼續問。

「我也只能等他出差回來再問他。」憶琳無奈地說。

「他有承認嗎？」

「有，他承認了，老老實實全都跟我說了。我問他為什麼要這樣對我？他說他不是故意要傷害我的，但我一個月在家時間不到十天，沒人幫他打理生活和三餐，這女人是他的客户，知道他沒人照顧，剛開始也只是出於同情，想說偶爾關心一下，誰知道就這樣日久生情了。」憶琳細述她的婚姻狀況。

「所以，你們就是因為這件事離婚的嗎？」我問。

「嗯，其實……我後來也有檢討自己，想想他說得也沒錯，我的確常常不在家，他也不是故意要讓這種事情發生的。況且，人家當初也是好心想要幫我照顧先生，又怎麼能怪她呢？我本來想再給自己一個機會，我們也努力給彼此一個機會，可是過了半年，我還是沒有辦法原諒他對我的背叛。」說到激動處，憶琳紅了眼眶。

「離婚是妳提出來的嗎？」我問。

憶琳喝了一口咖啡，似乎想緩和一下自己先前的情緒。「對，我覺得我們之間已經破鏡難圓了，所以簽了字後，我把公司業務交待清楚，就一個人回來了。可是回來的這段時間，我並沒有比較快樂，反而還長期失眠。」

「也難怪會這樣，畢竟對妳來說，這的確是個不小的打擊。」

「可是我之所以會這樣，不光是因為離婚而已……」憶琳沉靜片刻，接著又說：「回來後的這段時間，每當夜深人靜時，我就會去回想自己的一生。過去我總認為自己生活多采多姿，事業成就也比其他同學好，所以就算別人好心給我建議，我也從不採納。但現在想想，自己真是太目中無人、太傲慢了。君如，妳說，這是不是我的報應？」

「憶琳，話也不能這麼說。從妳年輕開始，不管走到哪裡都是眾人目光的焦點，我想這對妳多少也有些影響，讓妳對自己的要求更高，一旦開始一件事情後，『成功』

就是妳設定的唯一結果。

成功的人固然能在舞台上發光發熱，成為所有人的注目焦點，可是在他們背後，也常常背負許多一般人看不見的辛酸與無奈。

那些圍繞在妳身旁的孤獨、悲傷和不快樂，其實是妳沒有辦法讓自己停下忙碌腳步去面對真實自己所造成的。我想現在妳婚姻發生這麼大的問題，也是這輩子從沒料想到的吧！」

憶琳苦笑著點頭：「是呀，過去我以為憑我的能力，絕對足以擁有一切、掌控一切，直到這次離婚才讓我徹底檢討過去、反省自己，原來人活在這世上，錢財不是唯一的價值。以前的我只會炫耀成就，可是另一方面也顯現出我的傲慢，真是太自私了。」

「喔，怎麼說呢？」我微笑看著她。

「我之所以擁有這些東西，都是因為虛榮心與好勝心作祟。仔細想想，我好像從來都沒有幫助過別人，包括我自己的先生在內。所有事情，我一定以自己的得失為優先考量，從不顧慮別人的感受。」

「哇，很不簡單喔！憶琳，妳知道嗎？妳真的變了很多。」雖然驚訝，但我很開心看到憶琳這樣的轉變。

「我也是這一年來才開始學會反省的，不然以前的我怎麼可能說出要『自我檢討』的話。我的字典裡都是『我沒錯，就算我做錯，也都是你的錯』這些歪理。」憶琳調侃著自己。

我笑，「人生本來就有很多需要努力的地方，雖然妳在婚姻上走得不是那麼順遂，但這卻是個可以讓妳鍛鍊自己的機會。過程雖然使妳痛苦，但如果不經歷這樣的過程，妳是不會成長的。」

「真的！」憶琳拚命地點頭，「所以君如，我才問妳說：『這是我的報應嗎？』」

「憶琳，如果妳真要這麼想，那我也只能說妳一定是帶著很大的福報來投胎，才會出生在一個這麼好的家庭，不但受到父母用心栽培，人生也過得順心順意。只是，如果一個人不斷消耗福報，又不懂得去學習和付出，就會像使用悠遊卡一樣，只要儲值的金額足夠，即使不帶一塊錢出門也能悠遊自在，但是如果不斷消費又沒有儲值，妳想結果會變得怎樣呢？等到金額用完，就會出現寸步難行的窘態。

有了這次慘痛教訓，只要妳有心改過，或許在轉換期會有些困難，但不用擔心，既然妳來找我，我又怎麼忍心看到我的好友受苦、過得不快樂呢？

只要妳能做些有意義的事，像是奉獻自己的能力給需要幫助的人及事物，當妳看到別人因為妳的付出與關懷，生活開始有了改變時，妳所得到的『回饋』就不是用金錢可以衡量的，那是妳心甘情願無所求、付出愛心所得來的『感謝』，到了那個時候，妳就能找到生命存在的價值了。」

聽完我的這番話，憶琳馬上答應我：「君如，過去我真的太浪費自己擁有的資源，也錯失了很多幫助人的機會。從現在起，我一定會檢討自己的個性，多關心周圍的人，趁著自己年輕時多增添福報，以備不時之需。」

「這就對了，憶琳，人生在世，最大的成就與收穫，應該是將自己可以貢獻的能力，奉獻給真正需要幫助的人。這些受妳幫助的人因為有了妳，也會使得他們的生命有所不同。

很多師父在說：『世間眾生大都傾向做一些無意義的事情，讓自己出現很多矛盾心理與衝擊，因而產生痛苦。愈是生活在高科技、高物質中的人，愈會不斷尋求生活中的刺激感，可是最後所得到的痛苦、焦慮、寂寞、孤獨等感受也愈是強烈，甚至無法自拔。所以修行是修掉自己這世不良物慾的習氣，找回自己最自然、最原始的根本。』」

「嗯！這好像是真的，難怪現在得憂鬱症的人愈來愈多。」憶琳有所認同地點頭。

「這些人雖然能享受豐富的物質生活，可是不用多久就會膩了，到時又想找新的刺激，如此周而復始，最後會發現任何事情對他們來說都不夠刺激、不夠新鮮，可能會挺而走險，做出一些非法或違害自己生命的事，來填補不當的空虛感。這些都只是反映人們的低抗壓性，對生活漸漸失去重心，因為無法滿足生活需求，才讓自己被怨天尤人的想法給牽絆住，這樣當然很難找到快樂！」我解釋著。

「那可以怎麼調整呢？」憶琳問。

「只要我們從身、語、意來學習知足，訓練自己，增強對抗壓力的能力，讓自己有個健康的心、健康的身體，快樂自然就會恆久圍繞在我們身邊了。」我說。

「而且，只要願意下定決心改變，不會有想像中的那麼難，對嗎？」憶琳說。

「沒錯！一切現象皆是起心動念的集成，所以成功的人，必定是經過一番辛苦的努力。所有的因緣合成就交給老天去安排，一切隨緣就會自在了。」

「君如，今天聽了妳的這些話，才讓我真正懂得生活，懂得什麼才是真正的快樂。有妳這個朋友真好！這是老天爺在我這輩子送給我的最好禮物呢！」

我們兩個從午後艷陽高照，聊到夕陽西下，直到滿天星辰，彎月倚天。憶琳，我的好友，終於卸下武裝，開懷地笑了……。

人生的舞台，常常「假做真時真亦假」，許多人就因為被這樣的「戲裝」給扭曲，以至於在曲終人散後，仍舊無法在自己面前卸下裝來，忘了自己的原貌，找不回自己。憶琳就是這樣的例子。

人生起伏不定，儘管再多金錢也買不回自我的真實感。人們的快樂是建立在「懂得珍惜」上，而一些不快樂的人，全是因為「不知感恩」所造成的。所以，我們一定要好好珍惜和把握上天賜給我們的禮物——一顆真實的心！

冤親債主找上門

人很難看到自己擁有的東西，只會看到自己沒有的東西，讓自己變得很不快樂，等到有天連原本的都失去了，才恍然大悟，但爲時已晚。

有天，我收到元芬來信，字裡行間透露出目前正遭逢家庭及工作上的打擊，讓她對人生感到失望，在身心俱疲、求助無門的情況下，想要結束生命，尋求解脫。

看完後，我覺得以元芬現在的狀況，相當需要找人談一談，所以趕緊回信，和她約了見面時間，請她來佛堂一趟，讓我可以確實了解她的狀況，才能知道要如何幫忙。

其實，會收到元芬來信讓我有些驚訝。因為在朋友眼中，她是個個性開朗、無憂無慮的幸福女人。不但各方面條件優秀，丈夫世哲也長期在大陸經商，經濟無虞。對許多女人來說，能擁有這樣的家庭，似乎也別無所求。但是什麼原因讓她變成現在這個樣子呢？

還記得約定見面的那天下午，當元芬一踏進門，我就感受到一股大到快讓人窒息的怨氣。元芬勉強對我擠出笑容，相互寒喧過後，我就開始詢問元芬的狀況。

對元芬來說，在入時的外表裝扮下，其實一直有著一個不能輕易對外人道的壓力，就是與丈夫結婚五年多來，雖然一心想為家中添加新成員，可是肚子卻始終一點動靜都沒有，這對一心盼望抱孫的婆婆來說，相當失望。這點，元芬比誰都清楚。

雖然元芬是個思想先進的現代女性，但因為丈夫是家中獨子，也讓她不得不顧慮家中長輩對「傳宗接代」的期盼。或許是丈夫事業有成的原故吧！既然婆婆沒有一再當面「關切」，當然元芬也不會主動提起。

可是沒有想到，兩年前世哲在大陸經商失敗，欠下大筆債務，從此一蹶不振，也無意另謀工作，頓時家中失去經濟來源，陷入困境。尤其元芬，除了要面對短期無力償還的債務之外，還要安撫失意、落魄的丈夫，以及只顧心疼兒子卻不明究理的婆婆。

「要不是妳一直叫世哲去經商，怎麼會搞到今天這種地步？如果我兒子有什麼三長兩短，一定不會饒了妳的！」面對婆婆這番斥責，雖然元芬感到無奈，但也只能將委屈往肚子裡吞，默默承受這一切，一肩扛起這沉重的經濟重擔。

「真是難為妳了！」我心疼地說。

「剛開始我也不知道該怎麼辦，只好先隨便編個理由，跟娘家爸爸借錢，說是世哲做生意要暫時週轉用的。」

「嗯嗯，可是……爸爸不會多問嗎？」我疑惑。

「不會，因為我爸很疼我，所以沒多問什麼就把錢借給了我。但我想……就算他真覺得奇怪，也不會直接問我。而且就算他問我，我也不敢告訴他真正原因，因為那只會讓他更擔心而已。」

元芬接著又說：「我也知道靠爸爸的錢只能眼前救急，無法支撐太久，所以另一方面，我也請以前的大學同學幫我介紹工作。」

「那有找到嗎？」我問。

「有，當時有家貿易公司在徵主管，據說這家公司的老闆對員工相當要求，但我心想，只要肯努力，靠著我過去經驗及外語能力，應該沒有問題。當然最主要的原因還是因為它們的薪水可夠家裡開銷，所以只好硬著頭皮去應徵，結果也順利錄取了。」

「那不是很好嗎？」我說。

「是呀，當時我還心想：『果然老天還是會開條路讓我走』，我也很珍惜這個機會，所以每天都很拚命工作。」

「這樣聽起來……事情應該是發生在妳開始上班之後的囉？」我問。

元芬點點頭：「這家公司的業務量很大，很多事情前一位主管並沒有安排好，所以當我一接手，就發現有很多事情要重新整理。每天一早出門，都要忙到很晚才能回家。等到好不容易回到家後，還要幫忙整理家務，精神及體力都已經超出我的負荷，每天晚上一進房間便倒頭就睡，根本沒辦法和世哲說到幾句話。」

「那世哲呢？不能幫忙分擔家務嗎？」我納悶。

元芬苦笑：「他現在呀，每天都沉溺在他的網路世界裡。只是像這種時候，我就會想起他過去也曾經為了這個家，一個人在外努力打拚，所以我會告訴自己，現在做的這些和世哲比起來，根本不算什麼。

而且世哲在商界也算是小有名氣，我想這次失敗對他來說，打擊肯定很大。但只要他愛我、愛這個家，一定可以感受到我為他的付出，總有一天振作起來，東山再起。只是沒想到……」

「沒想到？……難道是感情出現問題了嗎？」我關心地問。

元芬紅了眼框：「我想，是我對他太疏於照顧了，但我連自己都已經忙到吃飯、睡覺的時間都沒有了，真不知道還要怎麼做才好！」說到這裡，元芬已經止不住淚水，在我面前哭了起來。

隨後，元芬試著平復自己的情緒，接著說：「現在我手上負責的案子愈來愈大，壓力也愈來愈重，我想或許也是我太專注在工作的關係，反而忽略了每天沉浸在網路世界裡的世哲在做什麼。時間一久，似乎不管有沒有我在世哲身邊，他都已經無所謂了。

有時請婆婆幫我留意世哲，還會遭來她的冷言冷語，說我自己整天在外面，家跟先生都不顧了，還好意思要她一個旁人管呀！老師，我不指望婆婆感謝我，但我這麼拚命都是為了這個家，希望可以度過眼前這個難關。只要她們願意支持我，再大的苦我都能吃。可是還要這樣潑我冷水，真的很難過……」看到元芬自己一個人承受這麼大的壓力，也讓我覺得好心疼。

「妳說妳跟世哲的感情出現狀況，是世哲有紅粉知己了嗎？」元芬低著頭不敢看我，似乎深怕自己的情緒再度潰堤。

「有一次我聽見世哲在房裡講電話，聊得非常開心，讓我有些訝異，心想是誰有這麼大的本事可以讓悶悶不樂的世哲笑得這麼開心。但看到世哲笑了，我心裡頭的壓力也會跟著小一點，所以就沒再多問。但有時還是會忍不住問他，只是他會很不耐煩地叫我不要管那麼多！我也就不敢再問。現在想想，我真的好傻……」元芬的淚水再次奪眶而出。

「老師，妳知道嗎？這種情形剛開始還不多見，可是到後來，幾乎每天都有。有時更離譜，就連我工作到半夜回家，都還能看見他抱著電話開心聊天呢！」

「妳是什麼時候發現的？」我問。

「因為我感覺到世哲愈來愈不在乎我，再加上他那陣子的行為實在怪異，不是一大清早出門說要找工作，就是假日出門說要去找之前的客戶吃飯，所以我才開始調查他的行蹤。

趁他出門不在，我偷偷打開他的電腦。原本以為他是想做什麼生意怕我不同意才這麼神祕，結果竟然發現他和別的女人往來密切的信件，而且他對那個女人說話的語氣就好像以前他對我一樣。」說到這裡，元芬早已哭到泣不成聲。但此刻的她又彷彿找到宣洩管道，想要一口氣將滿腔委屈說給我聽。

「雖然我從世哲電腦中找到這些，可是當他回到家裡來，我又什麼都不敢問。白天雖然照常到公司上班，可是我根本沒有辦法將心思專注在工作上。

後來公司接到幾個案子要我去談，原本都已經談到簽約階段，卻突然接到對方要求撤換合作廠商的通知。我試著努力挽回，希望對方能再給我們一次機會，但還是來不及，就這樣錯失了好幾個原本已經到手的案子。

平白遭受這種損失，想當然老闆一定很生氣，要我對這一連串事情作出交代，否則就準備走人。可是我不能沒有這份薪水呀！所以我不斷拜託老闆，希望能再給我一次機會，因為家裡不能少了這份收入。」以我對元芬的了解，能從她口中說出這些話，顯然她真的已經無路可走。

「老師，事情還沒結束呢！」

「嗯嗯，我在聽著，妳說。」

「有天下班後，和往常一樣，我一回到家中，就趕緊將積了一天的碗筷、衣服洗好，整理家務，以免婆婆看了不開心。等到好不容易做完，終於可以回到房間休息，竟然看見世哲沒有坐在電腦前，而是坐在沙發上。我隨口問：『怎麼今天這麼難得沒玩電腦呀？』

那天他心情看起來不錯，要我過去坐下來跟他聊聊天。我才剛坐下，他就對我說：『元芬，我們不能再這樣下去了，離婚吧！』

當時我腦中一片空白，無法判斷世哲臉上的表情是在認真，還是只是跟我開玩笑，所以我故意裝傻：『你在說什麼呀？你是丟了工作不夠，現在連老婆都要丟了嗎？不要想太多，只要我們努力，一定可以度過的。』

但世哲聽我這麼說，反而讓他失去了耐性：『妳不是不知道，媽的年紀都這麼大了，到現在都還沒有辦法抱孫子，妳又整天在外面工作，眼裡就只有事業，到底什麼時候想到我了？』

老師，我真的沒辦法接受他用這麼牽強的理由來替自己的行為找藉口，可是當下我還是強忍自己的憤怒，試著安撫他說：『小孩的問題我們都有努力過，可能是緣分沒到，但以後還有機會。不是只有你對家庭有責任，我也有。過去你辛苦了那麼久，這些我都看在眼裡，所以你經商失敗，我才會這麼拚命工作，努力想把這個家給支撐下來，現在怎麼能全都怪在我頭上呢？』」

我們就這樣你一言、我一語，爭辯了好一陣子，後來他終於忍不住先說出口：『妳這麼聰明，應該早就猜到我有其他朋友了吧！既然這樣我就直說了。我們已經交往一年多，她說她很同情我的處境，也願意為我生個孩子，只要妳肯退讓，讓我對媽及歷代祖先有個交代，我一定會感激妳一輩子的！』」

因為元芬結婚五年多來都沒有懷孕，再加上現在聽到她轉述丈夫對她說出這麼無情的話，顯然一定是前世因果關係造成的。

我請元芬先別激動，讓我調出她們的前世資料再來釐清。於是我閉起眼睛，放空意識，在腦中冥想「調查林元芬與張世哲的欠債記錄」。這個方法不同於催眠，如果以電腦比喻，就像是在搜尋引擎中鍵入關鍵字，想要查詢的資料就會自動跑出。

如同實況轉播般，出現在我眼前的，是中國古代場景。於是我開始將眼前看到的，一一說給元芬聽。

「元芬，妳在明朝是京城一名地方官人，整天飲酒作樂，迷戀女色。家中妻妾成群，讓你呼之則來，揮之即去，但你完全不懂得珍惜這一切。就在一次下鄉時，看上一名鄉間女子李秋娘，見她家境貧窮，好欺負，於是糟蹋她後就這樣一去不回。

不久後，秋娘懷有身孕，用盡家中所有盤纏，終於找到了你。但官府門前守衛森嚴，雖然秋娘心生畏懼，卻還是鼓起勇氣，冒著生命危險，請求侍衛向你傳達遠房親戚求見。

當侍衛領著秋娘到你面前，一時腿軟跪倒在地，當下你還想不起來眼前這名女子是誰，以為是哪家青樓女子，仔細端詳後嚇了一跳，怒聲斥責：『妳這瘋婦，竟敢冒稱本官親戚，來人呀，給我拖出去斬首！』

秋娘驚慌地哀嚎：『大人，您再仔細看看我是誰呀？』

因為擔心秋娘會危害自己的聲名，為杜絕後患，無視秋娘要求，再度下令：『來人呀，快把這名瘋婦拖出去斬了！』

秋娘大聲喊冤：『大人～求大人能夠留下我腹中的孩子！秋娘自知出生卑貧，但孩子是無辜的，只求大人待他出生後能將他留下，我願意一生一世為您做牛做馬，報答您的恩情！這是您的骨肉啊！這是您的骨肉啊！』秋娘一邊掙扎，一邊訴說著冤屈，但還是被侍衛連拖帶拉地拖進了刑場。

行刑前，劊子手見秋娘似乎真有很多冤情，便問了事情原委，動了惻隱之心，告訴秋娘：『這樣吧！我這兒有些銀兩，妳趕緊拿著離開這裡，再也不要回來，否則肯定是死路一條。』

雖然百般不願，但為了保住腹中胎兒，還是只能回到家鄉。眼看肚子一天天隆起，不但得忍受鄉人輕蔑，遭人指點，還得照顧病榻中的母親，連一頓飽餐都沒有。在無處伸冤、無地自容的情況下，秋娘心懷憤恨，在一個下著滂沱大雨的夜裡，身懷六甲的秋娘就這樣含恨自縊而死。

死前，秋娘向天重誓：『我，李秋娘，今生活著受你糟蹋，無力反擊，等我死後，一定不會放過你。若有來世，一定要讓你吃盡今生我吃盡的苦。若老天成全，就讓我們下輩子結為夫妻吧！』這就是妳和世哲的前世因果。」

聽完了自己的前世因果，元芬似乎受到驚嚇，語帶顫抖地說：「所……所以……老師，既然我的前世是那名官人，那世哲應該就是被我糟蹋的李秋娘吧？」

「沒錯！而且妳的婆婆就是秋娘的母親。妳想想，自己的女兒被人如此對待，怎麼可能會放過妳？所以那世妳害了三條人命，妳說，妳的業障是不是很重？」

「我怎麼這麼壞，做了這樣天理不容的事……老師，可以拜託妳教我怎樣做才能贖罪嗎？」看到元芬這麼自責，我也很不忍心。

「知道錯了不夠，還要能夠認錯呀！不要把這世所受的苦看成平白的委屈，要把它想成是妳在承擔前世所帶給人的業源、苦果。我希望妳能在菩薩面前真心懺悔，祈求菩薩給妳一個贖罪的機會。」元芬點點頭。

經過長談，終於找到事情的根源，也讓元芬在混沌不明中，找到了方向。

「老師，那接下來我應該怎麼做呢？」元芬誠懇地問。

「那就要問菩薩囉！只要菩薩說能化解，就一定可以化解。」我說。

「那我要怎麼知道菩薩願不願意幫我？」看來元芬似乎有些心急。

「擲杯就知道了。如果妳能連擲三個聖杯，就代表菩薩願意幫妳超渡冤親債主，那麼只要擇日就可以了。」於是元芬連忙拿起佛桌上的杯，雙手虔誠地握住，彎腰再彎腰地膜拜。她吸了一口氣，彷彿在等待判決一樣，丟出第一次的杯。

「老師，妳看這是不是聖杯！」元芬不敢確定自己看的是不是正確，我彎下腰看，「沒錯，這是聖杯！好，再來第二次。」我請元芬接著做。

「老師，是聖杯！」第三次，「老師，還是聖杯耶！」元芬張大著嘴，用高八度的嗓子喊著。

「太好了，這就代表菩薩已經確實感受到妳的誠心及懺悔，妳可以還債的時間到囉！」就這樣，我幫元芬挑選一個適合超渡的好日子，徹底將元芬與世哲的累世業障，還有尚未發生的業障一併消除。在菩薩的加持及開導下，讓元芬原本心中的悲傷、怨恨，通通煙消雲散。

兩個月後，我接到元芬電話，但這次電話那頭的她，聽起來似乎很開心，也很有精神：「老師，真的謝謝妳！」

「謝我？謝什麼呢？最近還好嗎？」其實這兩個月來，我還是一直擔心著她。

「經過上次超渡之後，真的很神奇，先前說要跟我們終止合作的廠商，從這季開始都紛紛回籠，還親自打電話來道歉，表示希望能再有合作的機會。而且，我老闆對我的態度也有了很大改變，讓我工作起來更有勁，愈來愈順利呢！」

「真的嗎？太好了！那……妳和世哲之間呢？」我小心翼翼地詢問。

聽得出來，電話那頭的元芬笑得似乎有些靦腆。「世哲現在對我的態度已經好很多，也不會到處亂跑。像昨天，他還特地等我下班，說有話要跟我說，原本我還有點擔心，以為他又要跟我說什麼，原來是要向我道歉。他說其實我的辛苦他都看在眼裡，只是自己還沒從挫敗的心情中走出來，感覺要靠一個女人養，很窩囊，才會選擇過自暴自棄的生活，讓自己沉溺在網路世界來逃避現實。而且他跟我保證，一定會振作起來，不會讓這個家垮掉。至於孩子，他也安慰我，現在醫學這麼發達，只要我們不放棄，一定會有機會的。」

「恭喜妳了，元芬！世哲終於醒了。其實很多人都正處於因果循環的討報中。所謂

『預知前世因，今生受者是；預知來世果，今生作者是』，每個人的所做作為，老天都會將它記錄下來，當福報用盡時，自然要承受被處分的痛苦。

過去也有些生理機能正常但卻為不孕所苦的朋友來向我求助，我會給她們一些『功課』做，有乖乖聽話的人，通常不用多久就會傳出好消息。如果妳真的想要小孩，或許可以試試看。」

「真的嗎？我願意，我願意！老師，妳快跟我說是什麼『功課』，我一定會努力完成的。」元芬急著插嘴。

「是『念經』喔！而且一定要按照菩薩的指示確實完成。這……妳有把握做到嗎？」我提高語氣，企圖試探元芬的決心。

「一定可以的！不管菩薩給我多少功課，不管功課有多難，我都一定會努力完成。如果連這點考驗都做不到，想必菩薩會對我很失望；但如果我該做的都做了卻還是沒有小孩，那我想這應該也是老天的安排，既然如此，我會接受的。」聽到元芬這番話，讓我覺得她真的長大許多。於是，我請她拿起紙筆，記下菩薩交辦的功課。

很快地，元芬已經完成所有的功課，並請我轉告菩薩。我告訴元芬：「從現在起，妳只要寬心隨緣，剩下的就交給菩薩了。」

四個月後，元芬再度來電，電話那頭的她，以興奮又高八度的聲音說：「老師，老師，我是元芬，謝謝妳喔！真的謝謝妳！」

「謝我？謝什麼呀？」突如其來的一通電話，又讓我一頭霧水。

「怎麼能不謝老師呢？我好高興喔！」即便是透過電話，我也能感受到她那異常興奮的心情。

這時，我突然想通：「喔！是不是妳……」。

「對！對！對！」我話還沒說完，元芬已經忍不住要趕快把好消息告訴我了。

「前一陣子我感覺身體不太舒服，總是覺得好累，怎麼睡都不夠，胃口非常不好，MC也沒來，本來想說是因為工作壓力太大的關係，只要多休息就好。

沒想到，這樣不舒服的感覺愈來愈嚴重，還開始頭暈，持續了三、四個禮拜也不見好轉，後來世哲堅持帶我到醫院檢查，醫生聽了我的症狀後，居然建議我們去婦產科，我們壓根都沒想到，這時才恍然大悟：『喔，對耶！』結果醫生真的告訴我，說我懷孕了，而且已經七週囉！」

「哇！元芬這真是天大的好消息，恭喜妳要準備做媽媽囉！」

很多人會因為情感上的挫折，選擇自殺，一了百了，以為可以藉此讓自己解脫，但事實並非如此。「自殺」只是你逃避今生所要面對的功課、規避前世所造的業果，在輪迴道上是要經過審判的，並不會因此得到解脫。

每個人一生中都會遭遇挫折與失敗，但世上沒有解不開的結，千萬不要因為一時挫敗就想放棄自己。

在生活的當下，人很難看到自己擁有的東西，只會看到自己沒有的東西，讓自己變得很不快樂，等到有天我們失去了原本擁有且視為理所當然的東西時，才會恍然大悟，原來它有多麼寶貴！

下面，我想和大家分享一首短詩：

我心裡難過
因爲我沒有鞋子
後來我在街上走著
遇見一個沒有腳的人

當你難過或不如意時，不妨看看這首詩，想想世上還有很多比我們更不幸的人，好好檢視一下我們所擁有的，一定會發現，原來自己是這麼地富有！

人間的結束

在虛幻的宇宙空間裡，有多少元素分子在此與我們共生、有多少微生物每天在我們身邊產生不同變化，與我們的身體發生密不可分的交集，而細胞不斷分化的結果，就是生命的誕生。

一般人總認爲生命就只介於生死之間，但實際上，生命是永遠不會結束的。

在大自然法則中，早已有了既定軌跡。隨著個人生命的開始與結束，成爲一個過程。如果過程中有責任未了，到了下一世就必須繼續完成上一世未了的責任；而下一世所承擔的責任，又遠超過這一世所應當承擔的量，就像本金加利息一樣。

在修行當下所要練就的，就是「因緣等於機緣」。當機緣讓我們遇見時，就應抓住當下緣分，即時修正，自我提升。因此，所有的緣分都要靠自己把握，而不是以隨緣爲藉口。此外，自身的家庭及環境也是影響因緣深淺、快慢俱足的重要成因。

一般人習慣避談死亡議題，盡可能不去觸碰，也不去提及，因爲中國傳統認爲，談死是不吉利、是晦氣的。

另外，死亡也會令人恐懼、因爲它代表一個未知的黑暗角落。如果沒有透過引導者的正確引導，只會加深疑惑者的疑慮，更加畏懼學習這門課程。

此外，生命是否能因輪迴而有所延續？這門課程背後到底隱藏多少我們無法知道的內容？死亡是生命的過程之一，也是每個人一生終究要踏上的必經之路，但因爲人們不知道死後會變成什麼樣子？該往何處去？才會感到茫然、恐懼而心生畏懼。如果能從現在開始學習，釐清來龍去脈，就可以坦然地拒絕恐懼；了解其中的道理，就能克服心中的障礙了。

人們之所以畏懼死亡，是因爲不知道自己死後會去哪裡。在恐懼感的作祟下，深化了內心對死亡的恐懼。如果能知道死後是有地方可去的，甚至去的地方比現在更好，而且是另一個生命的開始，就應該敞開心胸去接受它。

生命如同一段旅程，時間長短早在出發前就已經決定。隨著目的地的抵達，旅程也會進入尾聲，但這不是結束，而是另一段旅程的開始。

所以這一世我們可以決定到站的終點，只要找到一個清楚的目的地後，就能放心去過一段美好人生。但在活著的當下，應時時以一顆感恩的心去面對生活中的點點滴滴，起出懺悔心，時時警惕自己的不足之處，並加以改進。

天地的自然直接輸入法則，是我們以什麼樣的心念去看待世間一切，便決定了將投射的區域、區塊、等級。所以「該何去何從」不是別人可以幫你決定的，而會以你自己所種的福田來分配自己的福報種子。

我願意成為你生命中的力量！

孫子的孝心

人世間的一切事物，沒有一件能脫離「因果」，種什麼因，就會得什麼果。

常聽老一輩的人說：「等到要回老家那天，最好是能在睡夢中離開，這樣也不會拖累子孫。」雖然看似玩笑話，但這關係著「福報」，不是每個人都能有這麼大的福報來圓滿結束自己的一生，因為每個人幾乎都是帶著業力來到世間。由於業力不同，償還的苦果也會有所差異。

有時我們也會聽周圍朋友說，某人的阿姨病了好久，也在醫院做過很多檢查，但就是找不出原因，白白吃了很多苦頭；或是某人的叔叔在做癌症化療，但拖了幾年下來，還是會不時復發，想死又死不掉，整個人已經被折磨得不成人形，真的很可憐；又或是某人的小孩一出生就腸子打結，小小的身體沒等到開刀復原，又發燒得了急性腦膜炎，真是令人心疼……，類似這種狀況，經常在醫院及我們生活中上演。

「死亡」是無可避免的，不管對誰來說都一樣，不會因為財富、地位而有所改變。但儘管如此，每個人還是希望能在自己人生的最後求得「善終」，可惜這不是光憑人的力量就可以掌控的。

其實，「因果輪迴」是人世間不變的道理，生、老、病、死也是佛陀為了教化眾生所設立的一種遊戲，不管你是富人、窮人、好人、壞人、男人還是女人，一輩子都一定要經歷這四個過程，差別只在於「經歷的方式」而已。所以說穿了，「人生」就是這麼回事，就看你怎麼做，如何去除過去所造的業力而已。

還記得一年多前的一個案例，有天我佛堂裡來了一位年輕男生小傑，年約二十來歲，說是要來替他剛過世的外公舉辦超渡法事。

按照慣例，法事前我都會和家屬溝通，了解來龍去脈，並告知家屬佛堂的處理步驟及方式。這對被超渡者來說，能在雙方都清楚的情況下進行法事，得到的幫助也會比較大，可以解開亡者無法解脫的苦痛與心結，讓祂們放下執著，順利往生西方淨土。

和小傑見面那天，正好是他休假的日子，所以特地來到山上佛堂，希望替外公安排好後續事宜。「蔡老師，您好！」一進門，小傑就禮貌地問候著。

「小傑早呀，請進請進！來，先進佛堂禮佛！」我親切地應答，並引導小傑到三寶佛前禮拜。禮完佛後，我請助理幫忙倒杯茶，開始和小傑溝通，進一步了解希望委託的事件。

「小傑，電話中你說想替外公舉辦超渡，可以跟我說說原因嗎？或是，你也可以告訴我一些關於外公生前的事情。」

其實即使沒有透過小傑，只要我將「天線」打開，也能查閱得到有關小傑外公前世今生的檔案，但通常我不會隨意亂看眾生資料，一方面是基於職業道德，另一方面也是因為查閱檔案資料需要耗費能量。況且，直接從委託人口中聽來的故事也比較完整、徹底。

「我外公呀，嗯……他是山東人，一個典型的外省伯伯，愛吃燒餅、豆漿，每年過年都會和家人動手做紅棗饅頭。年輕時因為大陸發生戰亂，二十多歲就跟著國民政府軍隊撤退來台，從此和大陸親人失散，靠他自己一人白手起家，後來又認識了我的外婆，生了四個女兒……」小傑詳細地敘述給我聽。

每當我聽委託人說話時，就會有畫面自動跟著出現。也就是說，在聽的過程，我可以透過「念力波」進入當時時空，當時的經歷與過程就會一幕幕重現在我眼前，就像幻燈片一樣，這是無法用想像創造出來的畫面。甚至，有時不用等到委託人說完，我就已經看到後續發生的事情，可是我還是會讓委託人慢慢將故事說完。

「嗯嗯，你外公當時真的相當辛苦……」這時我已經知道小傑外婆的狀況。

「對呀！因為外婆是澎湖捕魚人家的女兒，所以外公和外婆結婚後就住在澎湖，生了四個女兒。可是因為我外婆愛賭，常常輸光買菜錢，心情不好就打小孩出氣，後來外公忍無可忍，一氣之下，就帶著四個女兒離開澎湖來台北生活。」

「唉，一個男人要帶著四個女兒討生活，真的很辛苦！」我感慨地說。

「是呀！聽說當時家裡從內到外，全都由外公一人包辦。每個人的食、衣、住、行也都是外公在照料。而他自己每天還要騎著腳踏車，載著鍋碗瓢盆去做生意。小孩大一點了，就送到天主教的育幼院學校上課，每天做完生意後，再趕去把小孩接回家，就這樣過了十幾年。

好在外公這四個女兒都很懂事，也很爭氣，像大阿姨當年是直接保送台大、二阿姨畢業後成為知名模特兒、三阿姨做了護士。而我媽媽是老么，就一直陪在外公身邊照顧他。」

「你外公的辛苦總算沒有白費。對很多父母來說，能夠將小孩平安撫養長大就已經是一輩子最大的心願了！」我說。

小傑點點頭：「後來，三個阿姨和我媽媽陸續結婚，家族人口愈變愈多。因為外公這四個女兒都很孝順，所以晚年生活也過得愈來愈好。」

「小傑，你知道嗎？佛菩薩是遍滿虛空、無所不在的。每個人都有這輩子會遭遇的難題，只是有的人選擇逃避，有的人選擇面對。

佛菩薩也會觀察每位眾生的內心。祂之所以讓我們體會人世間的甘苦，其實都是為了渡化我們。佛法不離世間法，如果能勇於面對生活中的困境，放下心中的執著，這也算是修行。

雖然佛菩薩會慈悲地幫助我們度過所有的不順，但也要視情況而定，因為這也得看當事者本身是否有足夠的福報來接受菩薩加持。」我解釋著。

「那後來呢？外公是怎麼生病走的？」我問小傑，故事也開始要進入重點。

「後來因為外公覺得，既然女兒們都事業有成，也都有了各自歸宿，生活安定，自己就想回山東去尋找失聯已久的家人，有了尋親的念頭。」

「那有找到嗎？」我問。

「有，只是回山東的時候，外公已經六十多歲。和家人相隔近半世紀沒有見面，很多家鄉長輩不是已經很老，就是已經過世。景物依舊，但人事已非。

還有，因為外公的老家是在山東鄉下，不像台灣已經經過開發和規劃，很多地方都還沒有鋪柏油，也沒有汽車，主要還是要靠牛車通行。看到這副景象，讓外公相當愧疚，想到自己在台灣吃好、住好，一股心酸突然湧上心頭。

後來回台灣才幾個月，外公就被檢查出罹患癌症。醫生當然建議化療，但一做就是好幾個月，外公的身體也瞬間削瘦，開始掉髮。就這樣，化療成了外公的不歸路，一旦開始就很難再有好轉的一天。

之後外公的身體愈來愈不舒服，到處都會痛，不管是碰到、壓到或是翻身都很痛苦，也沒辦法吃東西，因為一吃就吐，所以只好靠著插鼻胃管和打營養針來度日。後來大約過了一年左右，外公就在醫院過世了。」小傑的臉上透露出對外公的不捨。

「化療的確很傷身體，而且要讓身體細胞再生也確實不容易。很多病人就是因為化療的副作用而漸漸與癌細胞共同乾枯、死亡。如果能早期發現、找到和癌細胞和平共處的方法，對身體的傷害應該不至於那麼大。」我先從自己對醫學的了解，提出一些看法。

「但你外公之所以會有這些病症，其實也是祂累世的『因果病障』在討債。想要根治，除了醫學上的治療外，還要回歸因果，從身、心、靈的根本來解結、超渡，只有這麼做，才能徹底轉化它。」聽完我說，小傑若有所思地低著頭。

我已經從小傑口中，了解外公的狀況。於是我將超渡當天需要準備的供品告訴小傑，並安排一個適合為外公超渡的日子。

還記得超渡那天是星期二，在這之前的兩天還陰雨綿綿，沒想到當天卻出了個大太陽，菩薩可真是幫忙呀！

九點鐘，「叮～咚～」佛堂外的門鈴準時響起。

「嘿，蔡老師！」小傑看起來很開心。「老師，今天帶來的素菜，都是我早上六點多起來煮的喔！」

「哇！你這麼能幹、這麼厲害，還會自己做菜呀？」看到小傑這麼有心，也讓我覺得欣慰。

「因為我想讓外公知道我很重視祂，這也能代表我的誠意不是嗎？」看著小傑小心翼翼擺放他認真為外公做的素菜，相信不管味道如何，外公一定都會覺得格外好吃，也一定會很高興的。

當小傑將素菜、水果等供品在佛堂門外的供桌上擺好後，法會就要開始。我請小傑手拿三炷香，口念超渡疏文，在門外祭拜。

早晨的陽光映在小傑臉上，我看著這年輕人認真念著疏文內容，稟天呈遞相關事宜，突然有個感覺，相信今天的超渡過程一定會很順利。

隨後，我領他到佛前擲杯，向三寶佛請示超渡時需要念誦的經咒及迴向的數量，正式開始了今天一連串的法事。

在超渡進行中，門前來了一位體型削瘦的「伯伯」。雖然平常佛堂門前總是會有一些「眾生」閒晃，可是當這位伯伯一出現，我就開始猛咳，胸口突如其來的緊縮，相當疼痛，甚至讓我咳到無法換氣。我想，這位伯伯一定就是小傑的外公吧！

「老師，妳還好嗎？」見我這麼不舒服，小傑關心地問。

「小傑，現在門口站了一位老先生，我想祂應該就是你的外公吧！你說外公是癌症過世的，他得的是肺癌對嗎？」

「對呀，老師，妳怎麼知道？」小傑很驚訝。

「其實你在稟報疏文的時候，我就有看到祂了。因為祂一直往我們這邊看，我想應該就是我們的客人。不過祂的胸口似乎有燒焦痕跡，好黑好黑……記得上次聽你說外公做過很長時間的化療，我想這就是化療後內臟燒焦的狀態，病氣很重，因為外公的磁場直接被我接收到，才會咳成這樣。我看到外公肺部黑黑的影子，就是祂往生時所存留的病氣。」

「往生時？」小傑露出疑惑的表情。

「一般來說，意外往生的人，往生後會一直重複死亡發生當下的狀態，像溺斃的人，會持續當下那種吸進水後被嗆的恐懼感。同樣地，你外公是生病過世的，往生後，這個病業也會一直跟著祂，所以當祂來的時候，我可以明顯感受到祂肺部的病氣。」我解釋著。

「喔，原來如此！老師，那請問要怎樣才能讓外公解除這個病業呢？」小傑問。

「剛剛你在念經的時候，菩薩是不是給比較多的《藥師咒》呢？」我說。

「是呀！」

「這是因為你外公是『生病』過世的原故。當你在念《藥師咒》時，藥師佛就會下來幫忙加持外公，修補、治療或移除外公生前留下的病種。同時，透過你念的經咒來超渡外公，讓祂和累世的因果業障、病障能在佛前獲得化解。透過佛力的加持，化開累世因果所結下的惡緣，在今世能轉成善緣或共乘佛道。所以你要記得，人世間的一切事物，沒有一件能脱離『因果』，種什麼因，就會得什麼果。外公之所以會得這種病，也是累劫累世的因所造成的。」

「嗯嗯，我知道了！那老師，我外公現在看起來好不好呀？」小傑好奇問我。

「呵呵，外公生前有戴假牙對不對？可是祂說你們忘記幫祂戴上，所以沒有辦法吃你準備的素菜。」我笑著向小傑傳達外公的話。

「那……那怎麼辦？」小傑擔心地問。費了好大一番功夫準備的素菜，當然希望能讓外公享用。

「去金紙店買付專用的假牙燒給外公就可以囉！所以説，為什麼一般民間習俗會在往生者要過世時，把配件準備齊全，就是為了讓祂們能一路好走，並且在等待投胎轉世的期間能無所罣礙，才不至於三天兩頭就托夢給親人說缺這個、缺那個的。

你看，平常我們出個遠門，如果忘記帶平日用慣的隨身物品，也會覺得很不自在。只是我們再怎麼不習慣，還是有回家的一天，但往生了，從此便不再歸位，所以行前的準備工作是很重要的。不過你別擔心，現在替外公超渡之後，祂就能跳脫輪迴道，直接保送外公往生西方極樂世界了。」

這些事情小傑從來都沒想過，也不知道，所以我也想藉著這個機會，讓小傑明白其中的含意。於是接著解釋：

「一般人替往生者超渡時，雖然只是單純希望自己關心的人能一路好走，但其實這樣一個簡單的念頭，對往生者來說，就已經是幫了祂們一個大忙。這些看似簡單的法事，是唯一能幫助無主靈魂和一些有家歸不得的孤魂尋求解脫之道的方法，讓這些往生靈能超脫數百劫的痛苦。」

「喔，原來如此！」小傑的表情看似已經有所領悟。

「來吧，我們去佛前完成最後一段超渡吧！」隨後我帶著小傑在三寶佛前繼續法事，並將他外公送上蓮花座，乘著金色佛光，在菩薩引領下送至西方淨土。

一切總算都妥善完成，讓小傑終於鬆了一口氣。藉由這次幫外公超渡的機會，小傑也趁機上了一課，而我也又做了一件好事，引渡一位眾生往生淨土。

每個人都希望年老時能壽終正寢、無疾而終，但不要忘記這一切的一切，還是要回歸到因果本質。佛經云：「欲知前世因，今生受者是；欲知來世果，今生做者是。」今世會得病業，也是前世所造的因。

許多往生者死後，因為家人沒有為祂進行超渡，所以一直受到病業纏繞之苦。雖然一般人看不見，但這些靈體的苦，卻是一刻也無法解脫。

所有的病業，最源頭還是來自自己靈體的病。所以平時除了透過飲食、健康檢查等方式來照顧自己的肉身外，也要能懂得照顧自己的靈體，常常念經持咒，正確迴向給所需者，並保持一顆沒有執著、善良的心，透過生活中的工作、家庭、待人處事的一切過程來實修，提升自己的智慧，廣增自己的福報，讓自己的人生能圓滿、光彩自在。

四大分離

我們的身體裡，每天都有成千上萬個細胞在體內進行汰舊換新。每經過一段時期，就會增生新的細胞，並將壞死老舊的細胞做一個更新。無論是生理或心理，每一次的更新改變，都是一個因緣，也是生命的轉折過程、生命的無常。

人體的肉身、精神，基本上是由地、水、火、風這四大元素所組合而成。當生命即將結束時，這四大元素會以逆序方式（風、火、水、地）來排序↓引動↓解除↓消失。

所以，即便肉身即將不存在，但精神部分仍舊可以繼續維持，還是存在的。即使我們從外表觀察肉身對外界刺激已無太多反應，甚至出現意識模糊、昏迷或沉睡等現象，但當下的精神部分，卻會開始積極活動。

活動的頻率、方式會依肉身「所在環境」而有所不同。如果一旁環境吵雜，臨終者也會受到波動，使得神識體感到不安、煩躁，導致神識體發生亂竄的情況，肉身也會進而發出疼痛或是焦躁不安的狀態。

如果家屬在臨終者的身旁悲泣、哭喊，肉身會感到沮喪、無助，甚至產生另外倚靠的錯覺，像是會看到親人來帶他走而想跟著祂走。如果此時沮喪無助的臨終者肉身受到錯覺引動，可能就會錯下決定而進入鬼道。

但如果臨終者能在身旁有佛聲輕繞，或在高僧、上師從旁開示的環境下，肉身的意識體聽到平靜之音，就可以完全放鬆，達到解脫。此時，臨終者的面部會呈現祥和、平靜之相。

而一旁開示者要是能再加強臨終者的信念，使其能當下定位自己要走的目的地，這才是我們對臨終者最大的幫助與送行。萬一帶著不甘意念結束這段痛苦生命，只會把這份不好的意念再帶到下一段旅程。

人們所看重的生死問題，其實是生命中的自然來去而已。死亡是歸返自然，我們所要做的，是正確地讓臨終者在即將踏上另外一段旅程之際，可以走得莊嚴、順利。

能夠平靜的捨報，才是對即將離開人世的朋友們最大的祝福，而這也是最大的福氣。

祂的存在，我相信

「神」是自人類有歷史以來，在宗教中，被人崇拜的最高聖物。雖然有人認爲那是迷信，但如果信者沒有了神作爲他們的精神支柱，就會像飄泊在汪洋大海中的一艘小船，失去了動力及方向。

只要有宗教信仰，就會相信這世上有鬼神。至於這另類空間是否眞的存在？每個人的反應及接受程度就都不一樣了，有些人趨之若鶩，有些人敬而遠之，有些人則會頂香膜拜。

常聽有人說：「佛祖，請保佑我呀！我現在遇上了××問題，請幫我度過難關吧！」或是「我偉大的主！請賜我無比的力量，讓奇蹟發生吧！」這些人會將自己遭遇困境、束手無策時等待求助的心，寄予在一個虛渺空間裡，讓宇宙幻化者，來幫他解決問題。

好比說，在中國古代裡，如果久旱不雨，影響民間各地作物生長及百姓生活時，皇帝就會請祭司，舉行祈雨儀式，希望天降甘霖，紓解旱災。

而在傳統西方文化中，古埃及、印第安部落以及非洲，也有爲祈求旱地作物生長，由巫師帶領，進行祈求降雨的舞蹈。隨著「祈雨舞」召喚雨水的降臨，同時也可擊敗徘徊在人間與靈界的惡魔。

這種祈求天上賜福降雨，以解決國家百姓生活之苦的方式，雖然無法從科學角度來解釋其中的道理，但潛藏在這宙間的玄妙密碼，確實值得我們好好去探討。

「神鬼究竟是爲何物？是災難的主宰，還是人類的救星？」已經引發許多高科技、高學識的菁英分子，積極投入探討。

然而，只要是無法透過科學證明的，往往就會被斬釘截鐵地設下「祂不存在」的定論。如同多數醫生，對於沒有學理依據的醫療方法，都會一律視爲無稽的民俗療法一樣。

百年前，物理學家愛因斯坦（Albert Einstein）因爲發現質能可以互換，所以創造出「相對論」。可見，宇宙中的形體與能量是可以互換的。

目前西方國家都在積極深度研究生物死亡和人類瀕臨死亡時的周圍磁場、氣流變化，以及最後憑空消失的靈魂重量。

我是一位佛教徒，唯有佛、法、僧三寶，但是正信的佛教，並不否認鬼神的存在。我認爲，這世界可以分爲三個世界，分別爲「宇宙」、「本體」和「靈」。

「本體」指的就是人；「宇宙」指的就是最大的空間體；「靈」指的就是存在於形體之外的物質能量。因此宇宙之內包含了人和靈，人和靈也不可能超越宇宙，所以即使地球消失了，靈體依然不滅。

在我和靈的接觸經驗中，無論和鬼或神的交流，都需要透過感覺、敏銳的知覺，以及高度震波的能量，才能讓訊息傳遞。「能量」看不見、摸不到，但卻可以感受得到（其實它就存在於你、我之間）。

人是具有能量的，只是未經訓練前，能量較爲低弱而已。可是神佛不同，祂們是宇宙中的高等能量體，可以隨時變化形體，到人間渡化衆生，因此我們才會常聽到「神救世人」這句話。

但另一方面，人各有命，不可誤以爲光靠拜拜、禱告、護身符咒、配戴天珠、水晶、改運或改名等，就能轉換自己的厄運。唯一能轉變命運的，就只有「自己」，神祕的鑰匙也藏留在每個人的內心。

唯有能讓思緒沉澱、心靈清澈、智慧通達的人，才能和宇宙大自然交換能量，進而參透打開、轉動命運之鎖的方法，這也是自古以來「宗教」之所以玄妙引人之處，也是爲什麼無論東方或西方宗教，都有那麼多人選擇以靜心冥想、苦修來尋求解脫得道的原因了。

過去有部電影「美麗境界」（A Beautiful Mind），我認爲可藉由劇中一段對話來解釋神、鬼存在與否的問題。劇中情結並非著墨在科學與非科學的爭辯，只因爲劇中主角約翰．奈許「他，相信」！

愛麗莎：約翰，宇宙有多大？

約翰．奈許：無限大。

愛麗莎：你怎麼知道？

約翰．奈許：我之所以知道，是因爲所有的資料都顯示宇宙是如此大。

愛麗莎：但是，你也沒親眼看過宇宙？

約翰．奈許：是的。

愛麗莎：那你怎麼這麼確定？

約翰．奈許：因爲，我相信！

癌末病人的信念

信佛的人相信緣分，信之，仰之，心則安之。在你相信祂的同時，就會有一股全新的力量與暖流注入全身，使我們產生新的方向與希望，這就是宗教最神奇的地方，也是祂的迷人之處。

每年逢年過節，總是家人團聚的日子。我們家比較特殊，除了自家姊妹的聚會之外，常常也是姻親的家族聚會，有時是和大姊夫的家人吃飯聊天，有時是和外甥老婆的家人一起聚會。總之，是非常大的一群人聚在一起，相當熱鬧。

可是有一年端午節，很奇怪，我發現只有我們自家人在吃飯，少了以往家族聚會的熱鬧氣氛，感覺很不一樣。

姊姊告訴我：「立美病了，所以今天他們夫妻和小孩沒辦法來。」立美是我大姊夫的弟媳。

「什麼病呀？」我問。

「癌症，而且聽說已經末期了。」姊姊說。

「什麼？可是上次吃飯看她不是還好好的嗎？怎麼會突然這樣？」我非常驚訝。

「我們再找個時間去探望立美，看看妳可不可以幫上忙。」雖然聽到姊姊這樣說，但我心想，「如果看了以後幫不上忙怎麼辦？就像醫生如果是要幫自己的家人開刀或做重大處理，也難免會心生猶豫和顧忌。」但後來，我們還是選了個禮拜天，到姊夫的弟弟家裡。

雖然當時立美坐在輪椅上，插著鼻胃管，面露微笑與我打招呼，精神狀況看起來還滿不錯的，但據說此時立美已經因為腫瘤太大，沒有辦法吃進固體食物，只能靠流質食物來補充營養。

看到立美這個樣子，真的讓我很難過。同時，我也發現屋子裡的所有人會不時用眼神向我求救，希望我能給予立美一些幫助。但，這就是生命的無常。

突然間，我瞧見一旁立美正在坐月子的女兒夢倫，在餵完懷裡嬰兒母奶後，又趕緊拿起空杯，吸出一杯濃濃乳汁給媽媽。眼前的這副情景，實在相當令人動容。

「媽媽現在最需要營養，母奶不就是最好的營養品嗎？所以我會每天照三餐準備給媽媽，讓她有充足的體力可以對抗病魔，快點恢復健康。」夢倫說。

「嗯嗯，女兒的孝心會感動天的！」看到這對母女情同姊妹，真是難得。在這溫馨的氛圍下，我請立美躺著，讓我看看她的狀況。

我深吸一口氣，將注意力集中在立美身上，打開我的X光掃描電眼，檢查立美的情況。結果發現大事不妙！因為立美的胃幾乎已經被腫瘤填滿。

可是從立美的情況來看，照理說，胃的內部應該已經沒有空隙，可是為什麼我會看到在胃的旁邊又有一個很小的不規則空位呢？我感到納悶。

「因為媽媽上個月才做了胃繞道手術，所以挪出一個空位來，這樣才可以放得下食物。」夢倫說。

看到立美身體被癌細胞侵蝕的狀況，我知道接下來立美要開始跟時間賽跑了。當然，我也能理解家人希望從我口中聽到奇蹟的心情。

我告訴立美和她的家人，等改天精神、體力比較好的時候，就到山上佛堂拜拜，我們直接請菩薩治療會更好。

平時遇到類似這種情況的病人，如果遵照菩薩指示，首先我必須做的，就是起心動念、提撥慈悲心，去將心比心、感受對方的苦，讓病人可以在過程中信任我們，勇敢的面對事實，接受我們以超自然的「靈療」方式，幫助他們減輕身體及心理上的痛苦，能夠在人生的最後，安然、尊嚴地度過每一分鐘。

幾天後，立美一家人來到佛堂禮佛。以前幾次聚會，就曾多次聽立美提起想到山上的佛堂走走，只是剛好不巧都有事情耽擱，但這次終於如願。

那天立美看起來相當開心，我帶著她來到三寶佛前。立美虔誠地望著前方菩薩，誠心合掌頂禮，口中默禱。隨後，靈療開始。立美非常配合，過程中我請她不要緊張，放鬆身體。因為立美原本對我就很熟悉，這也讓她為自己增添不少信心與力量。

我請立美躺下，閉上雙眼，把身體力量全部丟掉，想像自己睡在一艘小船上，將身上所有重物與不舒服通通扔到海裡，丟得愈深愈好。

我用手掌去感應立美身體散放出來的磁場，以確認她的放鬆程度，沒問題後，才開始接收訊息。一是啓動宇宙與天地結合的磁場來與我連結，二是用灌氣方式，將所有正能量與磁場從立美頭頂灌入體內，等到體內能量充足後，再抓出所有夾在內臟器官裡的病氣。

這時我的手就像吸鐵一樣，除了可以感應附著在人身上的髒氣之外，還能像抓東西一樣，將這些病氣抓除。而接受調整的病人，也可以感覺到體內或表層有被牽動的感覺。

每一次我為立美調整，我都能感受到她的努力，所以我也竭盡全力幫助她，希望有一天奇蹟真能降臨在她身上。

雖然立美已經罹患癌症末期，可是旁人卻很難從她臉上看到病容，因為她總是笑得燦爛，聲音甜美依舊。最難得的是，她臉上的肌膚始終光滑粉嫩，這是我看過那麼多重症病患中所未曾見過的情況。或許，這也是上天給予的奇蹟之一吧！

儘管立美的肉身這麼努力地支撐，病情也還不到醫生說的急速惡化，但體內的癌細胞仍舊沒有停下腳步，持續侵蝕著立美的健康。

三個月後，立美終究還是住進了醫院，腹部、肺部開始出現積水，而且一天比一天嚴重，這還引發立美出現氣喘，或是睡覺時發出呼嚕呼嚕的水聲，但這也是過程中唯一會讓立美感到不舒服的情況，所以醫院會替立美進行肺部及腹部的插管引流，以減輕肉體上的痛苦。

在我所接觸的催眠案例中，立美是我見過最配合的病人。不管是院中的任何插管、換管或侵入性檢查，立美都只堅持讓我為她進行麻醉催眠。

「確定不上麻藥嗎？」醫生們不斷向立美確認。

「不用！因為天使就在一旁守護我，她不會讓我受苦的。」立美信任地看著我，語氣堅定地這麼告訴醫生。讓一旁的我，也忍不住掉下眼淚。

在為立美治療的過程中，她和家人每天都勤在佛堂誦經持咒，需要時我也會到病房替她進行催眠治療，或是聊聊天，說些佛經裡的故事，以及我們該如何去面對現況、放下世間罣礙。而立美也會告訴我她從中得到哪些正向想法，彼此相互討論。

深層催眠的作用，在於它能幫助一些病況嚴重的病人減輕肉體上的痛苦，不會整天在呻吟、痛苦中度過。

由於當時候立美的胃腫瘤已經擴散，並且出血好幾天。在一次催眠中，立美邊看邊說：「今天我看到的不是菩薩耶！怎麼是一個穿著灰色長袍、留了長白鬍子的人叫我躺下來呢？還說要幫我治病呢！」

我請立美直接詢問那位長者是誰。

「華陀！」立美這麼回答我。

「華陀？我從來沒有在觀想的時候看過祂！」聽到後我也十分驚訝。

後來，華陀要立美待在祂的藥室，並且煎了一帖藥要立美立即喝下。神奇的是，在華陀煎藥的過程中，我們在旁的每個人也都確實聞到陣陣煮中藥時的草藥味。

就在立美服完草藥後的兩天，奇蹟真的出現了！原本立美的胃一直持續出血，竟然也自動止血。

其實，立美真的是個很堅強的病人。當時一邊住在醫院打營養針的她，對自己胃部出血的情形沒有絲毫恐懼，反而還安慰女兒夢倫：「不要一看到血就嚇成這樣，妳看我的樣子不是很好嗎？」女兒的擔心，身為媽媽的立美其實都知道。

時間分分秒秒過去，就像沙漏裡快速通過的流沙，終究有完盡的時候。就在立美準備離開的那週，每天都和家人有說有笑，一點都不像是病榻上即將臨終的病人。

有時我看到插著鼻胃管、身上裝有引流器的立美，還會好奇問她：「立美，身體有沒有哪裡不舒服呀？」

立美搖搖頭：「不會耶，我還想去看看其他癌友呢！」

但沒多久，立美胃部的腫瘤出現破裂，持續大量出血了一週。每天的出血量都高達五〇〇〇cc，幾天下來，也流失了數萬cc，醫院的輸血量遠不及立美的出血量。但奇怪的是，立美始終都能保持在清醒的狀態，甚至還跟我說：「感謝菩薩的加持，妳看，雖然我留了那麼多血，可是體力沒有變差，現在還很好呢！」雖然心疼，但也讓我深深感動，因為她的勇敢、堅強以及樂觀，彷彿就是菩薩的示現化身。

「怎麼會這樣？」就連醫院的醫護人員都很驚訝，為什麼這麼大的出血量，測出來的血紅素指數還能維持正常呢？

「這都是菩薩有保佑呀，你們要相信是真的有菩薩喔！」立美肯定地說。

一星期後的某天下午，立美告訴孩子們，表示覺得疲累，想先睡一下，等我到了之後再叫醒她。其實那天早上，我是被菩薩叫回佛堂的，因為已經快到立美離開的時間，所以菩薩有指示我準備一些東西。同時，我也交代孩子們回家拿些立美喜歡的衣服來。在我心裡有著說不出的苦，縱使有千千萬萬的不捨，但這是立美人生最後一件重要大事，我一定要讓她順利走完。

等我回到醫院，已經是晚上了。一進病房，就看到立美呼吸急促，不斷地大喘。伴隨心電圖機器發出滴滴滴快速跳動的聲音，頭戴氧氣面罩、呈現昏迷狀態的立美，全身僵硬緊繃，病房裡交錯著混亂、痛苦，與瀕死病人無助的氛圍，看得我好不捨。

我握起立美冰冷的手，在她耳邊輕說：「立美，我來了，我來了，不要緊張，放輕鬆！想想我們之前的催眠方法，來，深呼吸、深呼吸，慢慢吐氣……」，即使立美的肉身已經不聽使喚，但精神意識卻還是相當清楚。因為聽到熟悉的聲音、熟悉的字句，讓原本處在恐懼中的立美，再度回到平靜的狀態。

「立美，此刻對妳很重要，因為菩薩來接妳的時候已經到囉！妳的家人兒女都在身邊，大家都準備好要送妳去菩薩那裡，妳一定要放下萬緣、放下所有罣礙，跟著菩薩走，前去西方淨土喔！」我不斷在立美耳邊輕聲叮嚀，就像我們在進行催眠一樣。

慢慢地、慢慢地，立美的呼吸漸漸緩了下來。立美確實聽見我的話了，幾分鐘後，立美的身體突然變得柔軟。我告訴立美家人：「趕快幫媽媽梳洗，換上她最喜歡的衣服。」

雖然不捨，但家人忍住傷心，照著我說的步驟，一一為立美打點。在每個步驟之前，我都會先告訴立美，「現在我們要幫妳擦澡了」、「現在要幫妳梳頭了」……讓她也能參予自己人生最後一件大事。

著裝完畢，最重要的一刻終於到來。全家人跪在病床旁，全心念佛。病房中除了心電圖機器發出「滴、滴……」的聲音之外，就只有佛聲繚繞，呈現出神聖莊嚴的寧靜。

「立美，妳聽，孩子們都在幫妳念佛了。接下來，妳會脫離一切病痛糾纏。所以從現在開始，妳自己也要在心中一起跟著念，往菩薩那裡去。我從十數到一後，菩薩就會把妳接走囉！妳準備好了嗎？」

我提醒著立美，此時她的面容安祥、平靜，於是我開始倒數：「十、九、八、七、六、五、四、三、二、一」。數完後，心電圖機器發出一道「嗶——」的長音，心電圖畫成一條直線。立美帶著全家人的祝福，如願登上佛國淨土了。

人活著除了身體的基本需求以外，更重要的是，我們內心需要一份精神力量來依附、寄託。當生活面臨無法解決的困擾與迷惑時，就會求助於高於人類的神來給予我們一條解決的路，進而達到自我的心靈釋放。

信佛的人相信緣分，信之，仰之，心則安之。在你相信祂的同時，就會有一股全新的力量與暖流注入全身，使我們產生新的方向與希望，這就是宗教最神奇的地方，也是祂的迷人之處。

寂寞的老太太

生命的輪迴就如同生活作息，每天日出而作，日落而息，日復一日。如果能在過程中，創造持續前進的希望與動力，就能讓每段生命變得更加豐盈、有意義。

多年前，我曾受友人所託前往日本高知縣幫忙驅鬼，委託人是名外科醫師大井田二郎。由於當地位處偏僻，且人手不足，所以大井田先生同時負責驗屍相關工作，卻因此替家中招來鬼魂的糾纏。

當時這個案件頗為棘手，加上處理上需要耗費一段時間，所以我一待就是七天。由於大井田家所在區域通訊不良，如果外界想要連絡我，恐怕並不容易。所以在出這趟遠門前，我已經盡可能將所有事情安排好，希望能把影響降到最低，但偏偏還是發生一件讓人惋惜的事。

在這之前，經由鋼琴學生家長介紹，我認識一名年約六十多歲的婦人。因為這名婦人長期罹患憂鬱症，所以必須在醫院接受服藥治療。可是一段時間過去，婦人的病情沒有因此得到控制，反而發作頻率愈來愈高，時常有輕生念頭，這也讓守候在身旁的家人非常擔心。

在連醫生都束手無策的情況下，這名婦人的家人透過我學生家長連絡上我，將情形一一說給我聽，看看是否有可以穩定婦人病情的方法。於是，我請她將婦人帶來讓我看看。

第一次見到這名婦人是在她多位姪女們的陪同下，外表看起來跟一般婦人沒有兩樣，說話時有著很重的台語口音，膚色偏黑，滿頭白髮，眼神空洞呆滯，看得出來精神狀況的確不好。

「阿姨，您好！」我說，但婦人沒有回應。後來見她站得不穩，我趕緊上前攙扶她坐下，這時她才對我說出第一句話：「多謝呀！」

其實見面前，她的姪女已經偷偷打電話給我：「老師，因為我阿姨每到一個陌生環境就很容易緊張，所以我們是騙她說要帶她到一位朋友家裡坐坐，這位朋友家裡也有供奉菩薩，可以順便給菩薩拜拜她才同意出門的，所以麻煩妳跟阿姨說話的時候，口氣不要太嚴肅喔！」

這些姪女對她們的阿姨還真是有心，為了不要辜負她們，我也事先泡了一壺茶、準備一些點心在桌上，想要營造出可以輕鬆聊天的氣氛。

「阿姨，妳坐這麼久的車過來，會不會累呀？」我先開口問。

「不會啦！」阿姨回話的聲音似乎比剛才有精神些。

「聽說妳還是鋼琴老師喔？不簡單喔！不過看妳還這麼年輕，怎麼會想要拜拜呢？」說著說著，阿姨開始伸手抓我準備的花生米來吃，可見她已經對我感到放心。

接下來，我們就開始你一句、我一句地聊開來了。

「阿姨，我聽小惠説妳一個人住喔？」我試著進入主題。

「是呀，這樣比較安靜啦！」

「不會無聊嗎？」

「以前的話倒還好，但現在……唉……」阿姨嘆了一口氣。

「怎麼了嗎？」

「以前我一個人住的時候，有時間就會去當志工或參加法會；如果沒出門，就會去找我三姊聊天。我好喜歡跟我三姊聊天……」説到一半，阿姨沉默了幾秒，接著才又説：

「可是不知怎麼了，四年前我三姊開始生病，常常要往醫院跑。我想説她人不舒服要多休息，就盡量不去打擾她，想不到去年過年前，她就這樣走了……」説到這裡，阿姨低頭拿出包包裡的手帕擦掉臉上的淚。

看著眼前這位失去親人的老人家的落寞眼神，也讓我感到心酸。一想到和自己感情最好的親姊姊就這樣走了，想必很難接受吧！

接著，阿姨抬起頭繼續說：「從我三姊生病開始，我們每天早晚都會通一次電話，但自從她走了以後，就什麼都沒有了，每天早晚時間到了也不會有電話打來。我哭了好幾個月，真的好不習慣，心裡難過到不知道該怎麼辦……」每講一句話，阿姨就擦一次眼淚，直說自己已經沒有活下去的意義。

「阿姨，生死有命，妳不可以有輕生的念頭啊！」我勸著阿姨。

「唉，老師，妳不知道，我這輩子沒結婚，也沒小孩，雖然這些姪女對我都很好，把我當成她們媽媽一樣在孝順，但畢竟她們也都有自己的家庭。再加上一直以來我都一個人，雖然也有和其他姊妹聯繫，但跟三姊最親，也最有話說，所以現在她走了，我才會這麼孤單。我想，不管這世上有沒有多我一個都沒差啦！」

坐在一旁的小惠聽著阿姨訴說心裡的苦，儘管有再多不捨，也不知要如何安慰，只能用手摟著阿姨肩膀，希望給她堅強下去的力量。

突然間，小惠好像想到什麼，在阿姨耳邊說了幾句，這時阿姨的表情瞬間從悲傷轉為激動：「真的嗎？老師，妳可以幫我找到三姊喔？因為她從來就沒讓我夢過，也不知道她在那裡過得怎樣，我真的很想知道她過得好不好，拜託妳幫我看一下好嗎？」

看到阿姨邊著急、邊努力用著國語說出她的請求，讓我覺得好捨不得。「好！好！阿姨，妳先別急，讓我來找一下妳姊姊。她叫什麼名字？」

「她叫陳滿淑。」於是我發出找尋陳滿淑的訊息，並呼請兵將將此人之靈、所身處之環境顯像讓我看。

「阿姨，妳姊姊說祂現在在菩薩身邊修行，過得很好，只是祂常看妳為了祂難過，很擔心，所以一直猶豫要不要下來看妳？」我向阿姨傳達姊姊的話。

「老師，我姊姊真的這麼說喔？我真的好想祂，假如這樣的話，就叫祂下來看我呀，這樣我就不會亂想了。」阿姨似乎有些抱怨。

「阿姨，話不能這麼說喔，當初妳姊姊走的時候，妳們應該是用佛教儀式送她離開的，對嗎？」我說。

「對呀，那會怎麼樣嗎？」阿姨不解地問。

「因為妳們用佛教儀式將姊姊送到菩薩身邊，讓祂可以跟著菩薩修行，這已經很難得了。要是祂為了妳偷跑下來，等於是觸犯天條，之後想再回到菩薩身邊可就不容易了。」我仔細解釋。

「啊，是喔！如果這樣就不好了……」阿姨難掩失望，但隨後又強打起精神說：「我也有聽其他師父說過，往生者要到西方極樂世界才算解脫，離苦得樂……沒關係，只要知道祂現在在那邊過得很好，我就放心了。妳幫我跟祂說，我會保重，不用來看我了！」

經過這次見面，已經幫助阿姨解開心中長期鬱悶，知道姊姊無法來看她的原因，但畢竟阿姨罹患憂鬱症已經很長一段時間，不是說好馬上就能好的，所以每當阿姨心情不好，或開始想姊姊的時候，就會又開始出現輕生的念頭。

這時小惠就會趕緊帶她來找我，我能做的就是陪她聊天，或是安慰她，讓她可以稍微轉換心情，回去後就能再安穩地過一段日子，就這樣持續了二、三年之久，直到我去日本那段時間才突然有了變化。

阿姨的狀況時好時壞，可能是年紀大又沒有小孩的關係，讓她很難在生活中找到重心寄託。所以有一天，她將小惠叫到身邊：

「我知道妳們這些孩子對我很孝順，雖然我生病了，但這些我都很清楚。年輕時我拚死拚活，很多東西都捨不得吃、捨不得買，希望自己老了可以不用跟年輕人伸手，想吃什麼、想買什麼都能隨自己的心意。沒想到現在真的老了才發現，其實這些錢對我一點用處都沒有。等我哪天要走的時候，我會捐一部分財產給需要的人，剩下的就都留給妳們了。」這種彷彿交代遺言的話，讓小惠感到相當不安。

據說，事情就發生在我到日本的第三天，阿姨的憂鬱症又發作了！

那天阿姨將自己關在房裡哭一整天，什麼東西都不吃，只是嘴巴不停喃喃自語，並且一直要小惠打電話給我。

「阿姨，蔡老師去日本工作了，妳再等一下，四天後老師就回來了。」小惠極力安撫。

「還要四天！我沒辦法等了，妳把電話給我，我自己打電話給老師，請她明天就回來。」阿姨完全失去耐性。

「阿姨，妳再忍一下，人家蔡老師也有其他工作，等她一回來就會馬上來看妳啦！」

人在日本的我，根本不曉得發生這些事。等到我一回到桃園機場，手機恢復通訊後竟發現有多達幾十通阿姨的未接來電，我當下警覺事態不妙，趕緊連絡小惠。

「小惠，我是蔡老師，我……」正當我想開口，電話那頭的小惠已經放聲大哭：「蔡老師，阿姨走了！」

「什麼！」實在很難相信，明明我才離開七天，怎麼會這麼突然。我追問：「到底發生了什麼事？小惠，妳快跟我說。」

小惠努力收起眼淚，「四天前，阿姨的憂鬱症又發作了。從早上開始就一直吵著要找妳，我說妳去日本工作，再幾天就會回來，可是阿姨硬要我把妳的電話給她，說要自己打電話叫妳回來。」

「我不是不接阿姨電話，只是我去的地方收訊很差，除了用一般室內電話勉強可以接通之外，一般手機根本無法對外連絡。唉，出國前我不是還提醒妳我要出門七天嗎？」我有些懊惱地說。

「嗯嗯，我知道，我也跟阿姨說了，但她就是聽不進去，一直在鑽牛角尖，還很失望地跟我說：『妳看我有多煩，連老師都不想接我電話了……』」

「那事情是怎麼發生的？」我無奈地嘆口氣，繼續問小惠。

「那天，阿姨一直從早上打到下午，後來我看她沒有繼續打，以為她已經平靜下來，還叫阿姨晚上跟我一起去吃喜酒，但阿姨說：『我不想坐著車子跑來跑去，我在家看電視就好，妳還是帶小安去吧！』聽她這麼說我也沒多想什麼，就趕緊準備，帶著小安出門，留她一個人在家。後來……後來……」說到這裡小惠已經難過到說不出話來。

「小惠小惠，聽我說，妳先深呼吸一口氣，慢慢來，別急，把事情說清楚讓老師了解。」我試著緩和她激動的情緒。

「後來……後來我吃完喜酒大約九點多到家，發現客廳裡怎麼只有電視開著，卻沒看見阿姨，就開始到處找。之後發現廁所的門是從裡面反鎖，以為阿姨在上廁所，喊了她幾聲，但都沒有回應。我心裡一驚，趕緊把門撬開，就看到阿姨已經用掛蓮蓬頭的架子上吊自殺了。」小惠再度放聲大哭。

沒想到我一回國就聽到這樣的噩耗。與阿姨相識三年多來，雖然多數時候都是在阿姨不穩定的狀態下見面，可是從言談中仍然可以感覺得出來她是一位慈愛的長者。當下我便直接從機場趕往阿姨的靈前拈香致意。

但事情沒有因此結束。有天我接到小惠來電：「喔，小惠呀！阿姨的後事處理得還好嗎？」

「嗯嗯，一切都很順利，謝謝。但是……老師，最近家裡發生了一些奇怪的事耶！」從小惠的口氣聽來，似乎有些不尋常。

「奇怪的事……是什麼呢？」我問。

「我有個同事是敏感體質，幾個禮拜前她跑來告訴我說她做了一個夢，夢中有個自稱是我阿姨的人，請她來轉告我，要我去幫她找一位老師。當時我腦中第一個想到的就是阿姨，可是後來我又想應該是巧合吧，就沒有去注意這件事，也沒有跟其他人說。

後來到了阿姨出殯前幾天，換成家裡開始出現奇怪的事情。每天大約到了晚上九點，電話就會響起，可是接起電話後，對方又不出聲。但放下電話沒幾分鐘，電話又響起。不只是我，連我媽也接過好幾次。後來我問其他阿姨，她們也都有接過這種電話。我在想……那些電話會不會是是阿姨打來的？」

「很有可能。小惠，要不妳明天下班後到我山上的佛堂來，我們再來討論看看怎麼解決。」

隔天早上，當小惠一進公司，那位敏感體質的同事又跑來找小惠。

「小惠小惠，我昨晚又夢到上次那位自稱是妳阿姨的老太太了。」小惠聽了之後很驚訝，急著追問夢裡內容。

「祂請我轉告妳，要妳找老師幫祂。因為那裡有穿古裝戲服的官差說祂做錯事，要把祂關在一個叫做『枉死城』的地方，還給祂銬上腳鐐，而且再過不久就要移送了。祂因為害怕每天都偷打電話向妳們求救，可是電話都接不通，不知道該怎麼辦。」

聽到這裡，小惠已經證實了自己的猜測。到了晚上約定時間，她一五一十將同事轉告給她的話說給我聽。聽完後，我馬上跪在地藏王菩薩面前，請地藏王同意我調閱地府亡靈陳滿霞的判決資料。我大約花了十分鐘時間看完那些資料，結果讓我大吃一驚，因為判決寫著：「陳滿霞，一生一世無功無德，雖曾習佛法，卻又藐視佛法，明知故犯，罪加三等！」

「看樣子阿姨會被判得很重喔！」我對小惠說。

「怎麼會這樣……可是，不對呀，蔡老師，阿姨生前明明做了很多善事，怎麼會說祂無功無德呢？」

「我也不清楚，可是照目前資料來看，的確是沒有任何行善紀錄的。」我納悶。

這時，我突然想到：「小惠，一般行善都會有收據之類的證明，那妳有印象看過阿姨的嗎？」

小惠努力思索著：「好像有耶！」

「那就表示阿姨可能沒有燒化掉囉？」我說。

「燒化掉？為什麼要燒化掉？」小惠覺得很訝異。

「很多人在世時都覺得『為善』應該要『不欲人知』，不要張揚。可是我們也常看到社會新聞裡出現，說某人一生積功行善，卻發生令人惋惜的意外，這種時候就會開始有很多人在說：『為什麼這樣的好人會發生意外呢？為什麼好人沒有好報呢？』」

「對呀！老師，為什麼？」小惠疑惑。

「因為我們所做的善事或是所捐的善款，都只限於是陽世間的行為。如果沒有對天地做稟報，表示這些事情是沒有合法公告、屬於私人不想公開的行為，當然不會在天地間留下紀錄。另一方面，也因為那些都是『好事』，所以天地神佛自然不會插手。」

「那假如是做壞事，祂們會知道嗎？」小惠好奇地問。

「這就要看什麼樣的壞事囉！像是殺人放火、偷搶擄掠、淫盜或是因為某個事件害人傾家蕩產，或是破壞別人家庭，如果這些是因積怨憎恨而產生的報復行為，不僅使他人造業，又影響傷害到別人，已經不能算是個人私事，在陽世間巡佐的官差，自然要向天地舉報，天地當然會對這些做壞事的人做出懲處，也就是所謂的『遭天譴』。」我解釋著。

「哇，聽起來好嚴重喔！所以我們平常真的都要多注意一下自己的行為，以免造業。可是……老師，阿姨的捐款單據有沒有留下來我也不太確定，那現在該怎麼辦？」小惠問。

「妳趕快回家找一找，有多少算多少，再一起拿來給我，我會替阿姨寫疏文以急件稟報。如果找不到，就要趕緊替祂做功德，希望能在未滿四十九天前，把祂救出來。」

隔天小惠打電話給我，說在阿姨衣櫃裡找到一大疊捐款收據，我請她趕緊送到我這兒，再書寫疏文用急件方式派請兵將呈報出去，將這些近四百萬元的善款收據燒化轉交給地府，佐以憑證，可提見收押亡魂陳滿霞，並在最短時間內為阿姨陳滿霞舉行超渡法會，終於讓這整件事得以圓滿解決。

幾天後，那位體質敏感的同事又跑來找小惠。據小惠說，現在只要看到她，就會不由自主的全身緊繃。「小惠小惠，跟妳說，昨晚妳阿姨又來找我了，但這次看起來跟以前很不一樣喔！」

小惠一聽睜大眼睛：「真的嗎？哪裡不一樣？」

「祂這次是坐在蓮花座上，沒有多說什麼，只是微笑跟我說聲『謝謝』就消失了。」聽到同事這麼說，小惠感到非常欣慰，因為她相信此刻阿姨已經擺脫生前折磨，虔心在菩薩身邊修行佛法。

其實，生命的輪迴就如同生活作息，每天日出而作，日落而息，日復一日。可是一旦支持生命的動力消逝，就無法展現應有力量而逐漸枯萎。因此，如果能在過程中，創造持續前進的希望與動力，就能讓每天生活變得更加快樂，也會讓每段生命變得更加豐盈、有意義。

靈魂的散步

在飄渺的宇宙空間裡，存在著太多不可知的狀態。除了有從科學角度發現的細菌、微生物外，還有一些我們肉眼看不見，由空間微粒子所組合成的有形、無形物體，值得我們去探討。

這裡，我們就來探究靈魂的祕密。

通常人死後的七七四十九天是處在「中陰身」階段，此時靈魂是處於等待天地審核自身因果業力及判決的階段。

人剛死亡的時候，會有兩種情況發生，一種是生前有修行、品德操守好、時常助人行善，或臨終前有師父開示的人，會在斷氣時見到從天降下金色佛光，接引他們離開，解脫當下所有的痛苦，而佛光所到之處就是天堂，也就是我們所說的西方淨土。

另外一種是，如果斷氣時是看到親人或其他熟識的人前來接引，那通常就是地獄使者「牛頭馬面」來的時候，這時往生者會被帶到某個地方等待處置，去受該受的刑責，而那個地方就是「地獄」了。

地獄的解釋比較複雜，可以分成好幾層、好幾界，如同拘留所一樣，會先拘留亡魂四十九天。期間，使者會將拘留中的亡魂名單送到地府閻羅殿審核，再依照陰間探員駐紮在陽世間所做的記錄和調出往生者在世時的因果福報單，來定因果業力的罪狀和等級。

等地府閻羅殿一關一關審核結束後，就開始將這些被關在拘留所內的魂魄，分發到地獄的不同界面服刑，就像被分發到不同教室去補考一樣，而這個過程就稱為「懺悔」和「贖罪」。

依照罪狀輕重，每個教室的主考官懲處都不相同，有些五年，有些十年，有些罪孽深重者，甚至要服刑到三十年之久，苦不堪言。而這些停留的時間，都是以陽世的時間來換算。

所以人死後，如果靈魂還在陽世間停留，民間就稱作是「好兄弟」或「阿飄」。但必須知道的是，不管靈魂在陽間或陰間散步，都是屬於非自然狀態，而這非自然狀態，往往又是出於無奈。以我來說，就常碰到逃獄出來或是被通緝的求救亡魂。

所謂「逃獄」或是「被通緝」，就是當亡魂知道自己被判的刑責後，因爲害怕，就跑回陽世間想盡各種辦法，尋求親人協助，希望能免除祂的痛苦或刑責。所以每逢農曆七月，我們才會看到民間寺廟舉辦各種大小法會，就是因爲這個原故。

單親媽媽驚險記

離了婚的女人如果帶著夫家孩子離開，一定要透過「辭祖」動作來向祖先稟報，不然會影響到孩子一生的因果關係。這對結過婚的女人來說，非常重要。

這篇故事讓我們來探討，女人如果離婚後，除了要讓自己的生活與經濟獨立以外，更要注意的是，如果是帶著孩子一起離開夫家，與孩子共同過生活，這樣子的情況，就要考慮到是否會激怒到夫家的「祖先」。

很難想像，中國人的文化是父系社會，孩子出生皆從父姓。夫家的祖先知道自己家族脈系多了一個後代子孫後，如同陽世的親人一樣，也會想要「關心」自己的子孫。

如果發現小孩沒有被照顧好，或是孩子突然不見了，祖先們（或許是往生的阿公、阿媽）一定也會全員出動，共同尋找這血脈傳承的後代在哪裡，因此這會引起祖先靈的一陣騷動。

所以離了婚的女人，如果又帶著夫家孩子離開，一定要透過「辭祖」儀式，向祖先稟報，不然會影響到孩子一生的因果關係，這對結過婚的女人來說，非常重要。

另外，如果離婚時沒有小孩或沒帶小孩走，「辭祖」的儀式一樣不可忽略，這就像是在告訴長輩自己的近況，當有困難時，長輩（祖先）會因為了解狀況而伸出援手，幫助自己能順利地走下去。對於已過世的人，我們稱之為「祖先」，這個儀式與習俗是不可省略，也是祂們相當在意的一件事情。

佛堂裡曾經幫助過這樣一個案例。

曼婷與丈夫閔志在年輕時熱戀交往，如同一般年輕人一樣，愛上了就一頭栽進甜蜜的愛情漩渦，無法自拔。即便雙方的家庭背景相去甚遠，生活習慣也落差極大，但是因為愛情的魔力，堅信「愛情是可以改變一切的」，讓曼婷不顧家人反對，便早早結婚，嫁給了這位在父母親眼中不夠上進的男人。

婚後曼婷立即懷孕，生下一個可愛的兒子，生活幸福美滿，夫妻倆整個重心都在孩子身上，日子也就是這樣平淡安逸的過。但不知從何時開始，閔志對家庭的責任與付出愈來愈少，常會有很多藉口外出，加上閔志的工作愈來愈不穩定，夫妻間也就日漸會為了生活中的瑣事吵架。

果然不出父母所料，在婚後的兩年，閔志開始不照顧家庭與孩子，連家用也不願付出，讓曼婷對先生閔志的自私無法釋懷，不滿的情緒在心中積壓許久，曼婷終於無法忍受閔志的無情與不負責任的態度，在閔志毫無所謂的態度下，兩人協議離婚了。而孩子，因為閔志無法照顧，所以協議將小孩的監護權歸曼婷所有，而閔志仍擁有探視的權利。

這場離婚風波隨著監護權的歸屬看似已經告一段落，可是就在曼婷成為單親媽媽後的半年，將近兩歲的兒子凱凱，身體健康開始不斷出現狀況，有的時候會半夜高燒掛急診，有的時候又突然上吐下瀉、急性腸胃炎。兒子凱凱這樣的狀況讓曼婷隨時神經緊繃，稍有不對勁，就馬上抱著兒子往醫院衝，曼婷和凱凱幾乎變成小兒科裡的固定客人。心中的擔憂，無人能解，看到兒子凱凱三天兩頭要往醫院報到，讓曼婷這個做母親的，心裡有說不出的無奈與不捨。

有一次，凱凱上吐下瀉，曼婷依舊帶去掛了急診。曼婷問醫生說：「醫生，請問凱凱的抵抗力是不是天生就比其他小孩弱呀？他這樣常常生病，我都不知道該怎麼辦才好！」曼婷擔心地問。

「凱凱這次是由病毒引發的上吐下瀉、經由口沫傳染，但是從就診紀錄來看，凱凱的抵抗力也確實是弱了些，生病的頻率的確偏高……」醫生回答曼婷說。

醫生除了安撫曼婷、給予一些正確的健康教育外，也無法保證孩子吃完藥後，就不會再繼續生病。

而曼婷一方面擔心年幼孩子成天吃藥會影響健康及將來發育，一方面也苦惱著自己經驗不足，不知要如何照顧凱凱，凱凱才能健康的長大？

就這樣幾經看病、住院、換醫生、吃中藥調養身體，以及和有經驗的媽媽們做育兒經驗交流，但似乎這些方法用在凱凱身上都沒有什麼明顯效果。後來，曼婷經由堂姊的介紹，才輾轉來到佛堂，希望能透過我的協助，幫忙查明原因。

預約時間到了，佛堂門口準時停了一台計程車，看到一個背著大包小包、神色緊張的年輕媽媽，懷裡抱著孩子，站在佛堂門口張望。

「請問這是不是蔡老師的佛堂？」曼婷探頭進來詢問。

「是的，請進！」助理請曼婷進入佛堂，並依佛堂規矩，請曼婷先帶著孩子禮佛。

「小朋友要不要下來自己走一走呀？」出了佛堂後，我問。

看到曼婷緊抱著孩子，小朋友也很黏媽媽，還以為是小孩在撒嬌的關係，於是試圖想要讓小朋友自己下來走走。一般像凱凱這樣兩歲左右的小朋友，大都是活蹦亂跳，調皮的會自己跑來跑去，而凱凱卻是乖乖躺在媽媽懷中。

「蔡老師，凱凱昨晚十點多突然發高燒，怎麼樣都降不下來，嚇得我趕緊又抱他去急診。」難怪小朋友看起來不太尋常！

「一整個晚上都待在醫院，檢查也檢查不出原因，嚇死我了，直到早上醫生說狀況比較穩定了，我才又急忙坐計程車趕來這裡。」聽了曼婷的敘述，才知道兩人在醫院折騰了整晚，難怪小孩會這麼無精打采地趴在媽媽身上。

「老師，凱凱這樣持續生病的狀況，我的壓力好大，經濟也快出問題了，我該怎麼辦？」曼婷慌張地問。

「曼婷，妳先生呢？」我問曼婷。

從曼婷的氣場散發出深色發黑的怨氣，頭頂上的光環是發出橘紅色的求救信號，從這些光的顏色，我已經了解曼婷的婚姻是有狀況的，但為了依循一般人交談的步驟，我還是開口問了她的婚姻狀況，希望由曼婷自己敘述。

「我跟凱凱的爸爸已經離婚了，現在也都沒有連絡……」曼婷不好意思地說著自己與前夫的過去，並說到凱凱在她們離婚後開始大小病痛不斷，而自己也嘗試了許多方法，但如今已經求救無門了。

透過曼婷的描述，讓我對於凱凱的情況掌握了更多資訊，我的心裡正盤算著凱凱可能生病的原因。

曼婷的觀念一直停留在「病理」、「醫學」上打轉，不斷告訴我她自己猜想可能的病因，但身為一個靈媒，加上自己的醫學概念，直覺告訴我，凱凱的病情不是只有身體的關係這麼單純，一定還有「其他因素」。

我請曼婷抱著孩子坐下，我開始定神查看凱凱的靈體。

「曼婷，凱凱最近是不是常有氣喘、咳嗽的情況？」我發現凱凱身上依附著兩個外靈影像，就像是縮小版的人形，緊緊貼在凱凱胸上。

祂們附在凱凱身上已經有一段時間了，也許這就是造成凱凱生病的導火線，我必須請這兩位小人影離開。於是我請曼婷抱凱凱進入佛堂，準備替凱凱做收驚的儀式。

「請幫我點起三十六炷香。」我請助理協助點香。

「曼婷，讓孩子趴在妳的胸口。」曼婷依照我的指示一一照做。

我拿著三十六炷香，在凱凱的背上透過一個個收驚步驟，將卡在凱凱體內的一團黑氣掃除乾淨，讓我可以很清楚的了解那兩個外靈是誰。

整個過程先要了解祂們的來意、解決祂們的問題後，才能讓祂們和平且心甘情願地離開凱凱，這樣才可以處理到陰陽兩界的圓滿。

當收驚儀式完成後，小人影果然浮現出更明顯的影像。

「喔，兩個老人呀！」我自言自語，並專心的與祂們溝通。

「什麼老人？」曼婷在一旁滿臉疑惑地追問。

我屏氣凝神的繼續用靈語和這兩個小人影溝通，沒有直接回答曼婷問題。

「你們是誰？」我開始詢問凱凱身上兩個小人影的身分。

「我們姓簡。」小人影說話了！

我將小人影的回話如實轉達給曼婷知道。

「姓『簡』？凱凱是姓簡呀！」曼婷回說。

「你們跟簡佑凱有關係嗎？」我再問這兩個小人影。

「我們是簡家的祖先。」小人影清楚地回答。

「那就對了！是簡家的祖先在找小孩囉！」這時我已經完全了解初步的原因。但由於曼婷還沒辦法弄清楚情況，所以我開始要一步一步的引導曼婷解決問題。

「老師，我聽不懂什麼是簡家的祖先在找小孩？」曼婷滿臉問號。

「妳前夫家一定有拜公媽、安祖先的牌位對不對？」我問。

「對，但不是放在台北耶，而且離我們家很遠！」曼婷一臉不解地回說。

「曼婷，當初妳和凱凱的爸爸離婚時，夫家的長輩都知道嗎？」

「知道呀，我的前公婆還希望我能再忍一忍，或許過一段時間凱凱的爸爸閔志就會好一些了。但是我已經給過他太多時間和機會了，發現他一點悔改的意思都沒有，所以我就決定要和閔志離婚。」曼婷敘述著當時的情況。

「有在他們的祖先牌位前上香，稟報妳們夫妻的狀況嗎？」我引導曼婷想想是否有遵照習俗拜拜，再離開夫家。

「去跟他們家的祖先告辭？」曼婷不解地問我。

「是呀！要跟祖先告辭！」我給曼婷一個確定的答案。

「告辭？沒有耶！為什麼要告辭？」曼婷還是不解。

「如果妳沒有跟對方祖先稟報，等於是帶著人家家裡的小孩跑出來，讓家裡的長輩找不到人、心急如焚。妳想，如果換作是妳，妳的小孩被別人帶走，一去不回，能不找嗎？」我耐心地分析給曼婷聽。

「啊？真的會這樣嗎？」曼婷疑惑地說。

「以凱凱目前的狀況，和他身上的外靈所說的事情，我們寧可信其有吧！」我勸曼婷不要太鐵齒。

「老師，這樣會不會太迷信了呀？」曼婷半開玩笑地說。

「如果夫妻離婚，女方一定要先向自家祖先報告，上香冥禱，告知自己娘家姓氏的祖先，說妳已經在何年、何月、何日與夫家×××結束了婚姻之緣，目前恢復單身，也請娘家的祖先能再次收容妳為◯家的子孫，請祂們了解並保佑自己。再來，就要向夫家的祖先稟報，說明自己已與先生離婚、小孩依法律跟著自己生活，不再與先生同住。」我仔細地講解讓曼婷清楚。

「喔！原來還有這麼多的規矩呀？」曼婷雖疑惑，但似乎能接受這樣的觀念了！

「所以一定要上香稟報！」我回答。

「那上香要怎麼稟報呢？」曼婷問。

「來，曼婷，妳看這張單子。」我拿了向夫家祖先辭祖的第一張疏文給曼婷看。

「我◯◯◯已在民國某年某月某日與×××離婚，緣分已盡並在陽間辦妥離婚協議，且有正式公文（離婚協議書影本）燒化給祖先們看，自己◯◯◯已經無法再成為夫家×姓的媳婦，請求祂們諒解，夫妻雙方已經協議小孩由母親監護，但小孩的姓氏依舊姓×，待他長大，依舊會認祖歸宗，請夫家的歷代祖先能放心交託，特此疏文告知前夫家×姓歷代祖先查核。」

「可是……如果有些離了婚後，不再來往怎麼辦？還要認祖歸宗嗎？」曼婷問。

「那就要徹底的與夫家辭祖了！」我說。

「怎麼做？」曼婷問。

我拿出第二張辭祖疏文給曼婷參考：

「我○○○已在民國某年某月某日與×××離婚，緣分已盡並在陽間辦妥離婚協議，且有正式公文（離婚協議書影本）燒化給祖先們看，自己○○○已經無法再成為夫家×姓的媳婦，請求祂們諒解，夫妻雙方已經協議小孩由母親監護，小孩的姓氏依舊姓×（或改從母姓○），請夫家的歷代祖先能明瞭我們的為難，之後本人○○○與前夫×××所共生的小孩△△△的監護，全由女方○○○負責，與夫家×姓的關係在此正式結束，特此疏文告知前夫家×姓歷代祖先查核。」

「這樣稟報，會不會讓對方祖先不高興呀？」曼婷緊張地問。

「不會的！如果沒有稟報說明清楚，萬一像這樣祖先來找的時候，小孩就會因為陰陽磁場的交集，很容易出狀況的！所以小孩會發生不好帶的情形。」我解釋。

「喔！難怪凱凱會有那麼多狀況，一天到晚跑醫院，原因就是出在這裡。我們不懂的時候，真的是會出狀況的，好可怕！」曼婷終於恍然大悟。

「曼婷，要讓孩子身體快點康復，我們就得盡快進行這項重要的儀式！」我提醒。

「嗯，也對！可是老師，我還有個問題。」曼婷想了一想又說。

「好，請說。」

「如果我不方便再回到我前夫家裡拜公媽，那怎麼辦？」看得出來曼婷有些焦急。

「萬一沒有辦法回到夫家列祖列宗前進行辭祖、告知夫家祖先自己面臨的困難的話，我們也可以在自家門前，清晨卯時（天剛亮的時候）對天公上香，祈求眾仙佛諸神轉達。至於是要使用第一張或第二張疏文，就要看妳自己的狀況了！」

這個「辭祖」拜別的動作非同小可，絕對不可以輕忽。如果沒有做，等到女子往生之後，問題就大了！離過婚的女人，夫家不收靈位，如果連娘家的祖先也不敢收，自己就會變成在四度空間飄盪的無主孤魂。另外，也會讓離了婚的女子跟她的娘家運勢衰敗，這點是非常需要注意的。

所以在做任何事情之前，我們都要清楚前因後果、來龍去脈，才不會事後衍生許多無法去考據的問題。尤其是離了婚的女人，如果又帶著夫家的孩子離開，這個動作是一定要稟報的，不然會影響到孩子一生的因果關係。也就是說，離婚的「辭祖」動作，對結過婚的女人來說，非常重要。

我們所做的一切，不單單是為了自己；相對地，也是為了我們的祖先，冥冥中給祖先們一個妥善的交代，讓祂們能夠放下，好好地在祂們的地方安穩生活，不用再去為了陽世間的子孫煩心，而演變成雙方不必要的困擾！

最後，我們選定了良辰吉日，將所有的辭祖儀式順利完成，讓雙方祖先都能了解曼婷的情況。

經過這樣正式的稟報處理後，凱凱的病況已經逐漸好轉，也不再像先前一樣，三不五時就會有生病的狀況發生。

曼婷這個做媽媽的終於鬆了一口氣，從整個事件的過程中，學習到夫妻雙方的姻緣關係雖然結束，但在冥界的那一頭也不容忽視，還是需要尊重必須有的祭祀儀軌，才能稱之為緣分的圓滿結束！

牌位的意義

祖先牌位對中國人來說，代表一種慎終追遠、悼念逝者的追思意涵，所以在西方文化裡，不會有牌位的存在。

但在中國傳統觀念裡，長輩認爲供奉牌位有繼承香火，讓某一個姓氏長久傳承下去的意義，也希望透過祭拜讓祖先歡喜，庇佑後代子孫平安，大富大貴。

可惜現今社會及風氣已經少有這種想法，要做到「按時祭拜、供奉祖先」確實有些困難。況且對時下崇尙時尙的年輕人來說，要他們記得哪些節日該祭拜祖先、祭拜時要做好哪些準備及祭祀方法等，可能還會有些不情願或疑問吧！

那麼，究竟「祭拜、供奉祖先」的意義與價值是什麼？是眞有供奉必要，還是也可以不供奉呢？其實，這樣的想法因人而異。

以祖靈來講，供奉牌位的目的是要讓我們的祖先能有棲身之所，不會漂泊在外，變成孤魂野鬼。所以每逢中元普渡，民間各地會祭拜四方好兄弟，而這些好兄弟就是來自某些家中往生的親人，因爲沒有棲身之所、沒有一個安定的磁場、沒有能量讓祂聚集在某個特定的地方，才會在外漂泊，成爲我們口中的「好兄弟」。

那是否意味著，一旦往生親人沒有受到供俸，就會全都變成好兄弟呢？

其實不然。我們也可以遵照傳統佛教儀軌，讓祂們有清淨琉璃之身、安心的到淨土之所。

另外，也有人問我：「老師，爲什麼年輕、沒有成家立業的人往生了，在中國稱爲『倒房』呢？」

所謂「倒房」是指還沒結過婚的年輕男性，往生時因爲沒有子嗣傳承，所以才有這樣的稱呼。

傳統觀念認爲，「倒房」會影響整個家族的運勢，像是健康、事業、財運等，所以在民間習俗上，倒房的這房要由其他房的子嗣來承接香火、做祂的義子，或是將小孩過房給這位已經過世的親人，並時常祭拜祂。

但如果是年輕女性還沒結婚就往生的話，後事又該如何處理呢？

像這種情況，就不能稱作「倒房」了（男女有別）。年輕女性或某一姓氏的女性，如果因爲特殊原因往生，依照中國民間習俗，祂的靈位是不能回到自己娘家的，因爲這對娘家來說是個忌諱，甚至會有晦氣。

所以民間習俗會將這名往生者的靈位移靈到外面佛堂、佛寺，或是所謂的「菜堂」裡去供奉祭拜。甚至，有些習俗會將牌位安放在家中廚房的頂層架子上祭拜，這是出現在台灣傳統「重男輕女」家中的未婚女性往生後的安置法。

其實，有關中國人祭拜祖先、公媽的習俗很多，甚至還會依照省分而有不同的風俗習慣及祭拜方式。

總而言之，不論家中是否安置祖先牌位，後代陽世子孫、親人都應該用一顆虔誠、誠摯的心來感念這些先輩祖靈，讓遠在西方淨土、天國的親人能得到最大的放下，放下陽世間所有為子孫、家庭、土地、遺產等擔憂之事，也放下所有的執著。

同時，陽世間的子孫也應讓往生親人安穩地在那方生活，好好地從心念來送行，這才是對亡者最大的尊重以及最重要的祝福。

中陰身

結束陽世間的旅程之後，我們即將來到另一段旅程，也就是另一個世界。往生時，可以大致分爲「善終」或「橫死」；如果依佛教徒解釋，則可分爲「凶死」或「壽終正寢」。

但不管哪種，其實在觀念上都有待釐清，因爲不論是意外死、災難死，或是壽終正寢，我們都要用最尊重的態度去面對這些情況的發生，尤其像那些不幸在地震或海嘯中往生的苦難衆生，我們都要稱爲祂們爲「大菩薩」。或是在救難中殉職的救難隊員，因爲祂們肩負著爲衆生受苦的使命，讓後人引以爲鑑，也是屬於大菩薩的一種，像這些就不能稱爲橫死或兇死。

在中國民間習俗上，當人往生後，我們會幫亡者「做七」。「做七」可以分為頭七、二七、三七……，直到做完七七，也就是連續四十九天不能中斷才算告一段落。

但現在社會忙綠，常因家屬時間無法配合，而法師為了配合家屬，只好將七七改成「濃縮七」來做，也就是把所有的「七」趕在一、二個星期內做完。如果以吃飯比喻，正常情況下應該是一天分三餐吃，但因為忙到沒時間，所以把二、三天的食物分量分成一餐或兩餐吃完。試問，這樣怎麼吃得下？但因為大家都不清楚，也不了解，以為這種做法同樣也叫「滿七」。

那麼什麼是七七？什麼又是頭七、滿七呢？在人往生後的七七四十九天內，因為還處在游離狀態，所以陽世親人要在這期間幫祂做最好的安排，像是超渡、佈施、誦經、念佛等，讓祂的級數可以在短時間內增加，將陽世或過去累世所造的業緣、業障，都能在這四十九天內順利化解，盡速離苦得樂。因此必須在陰間尚未分發前，協助亡者將功德做到最高境界。

而陽世親人在這四十九天內的行事也要相當謹慎，除了給予亡者祝福、誦經之外，也要幫助亡者能放下所有的掛念、罣礙，去祂該去的地方。但有時我們會看到喪家因爲不了解這些過程的重要意義，於服喪期間照樣大吃大喝、鋪張浪費，甚至還殺生，再將宰殺後的牲品拿來祭拜亡者，這樣的作爲對往生者來說，非但不是造福，反而是種「折福」，所以應該盡早改掉這種習氣觀念，多行佈施，停止所有浪費及一切不應該造的業力，改做些有意義的事來幫助亡者早日到西方淨土或天國。

只要家屬能了解這段期間對往生者的意義，不斷爲祂誦經、祈福，協助亡者增添福報，四十九天後，有時甚至不滿四十九天，菩薩就會前來接引，讓祂順利結束所有陽世間曾有的苦痛，安心到西方極樂淨土。

可是，如果家屬輕忽這段期間的重要性，一旦四十九天一到，亡者就必須接受審判結果，前往祂該去的地方，也許是上天？也許是下地輪迴？但只要了解其中訣竅，盡可能爲亡者做到最好，實際上是不會在中陰界停留太久的。

每個人從出生到死亡的人生經歷都不相同，如果想增添福報，最實際的作法，就是在這一世多行善積德，不造惡業，趁著緣分俱足把握當下，好好的修善，豐盈自己的福報銀行吧！

卡陰

在中國傳統觀念裡，「卡陰」是道教用來統稱陽世間的人遭靈界侵犯後而產生反應的一種說法。

那麼「卡陰」又是什麼？「卡陰」是三度空間與四度空間磁場交叉後所產生的結合。依照陰陽磁場交叉深度的不同，會有不同的身體與生理反應。

比方說，有時我們去了一些不乾淨場所，像是殯儀館、告別式會場，或是到醫院探望重病患者時，當我們離開這些負磁場的環境後，你的身體會開始感到暈眩；接著，也許這個氣場會開始慢慢滲透到身體內層，讓你陸續出現胸悶、頭部脹痛、脊椎骨酸痛等情形。依照個人體質能量的不同，滲入的深度及破壞力也會有所不同。

甚至有些人不用等到離開現場，當場就能感受到負磁場的磁波攻擊，出現神識恍惚的情況。如果出現這些情形，建議你要盡快結束當下活動，快速離開負磁場環境，這就是所謂的「干擾」。

與「卡陰」不同的是，「干擾」是受負磁場的能量影響所致，而「卡陰」則是靈界朋友進入陽世間人類的肉身裡面。至於「附身」就是另一個空間的靈體、物體、分子與我們這個空間的肉身結合。

其實，「附身」也是道教經常使用的名詞。當「附身」發生時，同樣會出現上述說的頭暈、噁心、胸悶等情況，而且更加明顯。可是，如果常人沒有這樣概念的話，還會以爲那些都是生病感冒所引起的頭痛、肩頸酸痛，或是產生後發性的不適感。

當人「卡陰」時，會出現精神渙散、注意力無法集中、眼神失焦、表情迷濛等情形，這些旁人都可從當事者的身上觀察得知。如果進一步和當事者對談，也會發現他可能有一搭、沒一搭地說些你聽不懂的話，無法針對你的問題作出具體回答。

一般我們發現身旁親友出現上述情形時，多半會帶當事者，或是他的衣服到宮廟、有神明的道場進行「收驚」的動作。

道教的「收驚」是由神職人員手裡執香來爲當事者進行儀式，藉此收回、安撫或驅離卡陰的魂魄。或是趁著宮廟神明附身起駕時，蓋上宮廟神祉（也就是印章），表示這個人有神明護持，所有靈界衆生都應該退避三舍。

但如果「收驚」、「蓋神祉」都還無法讓當事者的神志恢復正常的話，是否意味著其中還存有問題呢？在法印佛堂裡，會透過循序漸進的方式與靈界朋友進行溝通，讓祂們確實明白自己在行爲及認知上所犯下的錯誤。

也許一般人看不見我們蓋神祉的動作，但此時 法印 的神佛已經在安撫、安定卡陰的當事者魂魄，讓他能在短時間內恢復神識，集中注意，接著我們再與當事者討論、與靈界溝通，做到三方通話。

所以每當我在處理卡陰問題時，都要清楚知道當事者身邊存有多少無形衆生、祂們來自何方、是什麼因緣讓祂決定跟著當事者而產生這樣的誤解，經過詳細分析和解讀之後，再與當事者溝通，確認事件眞假，看看是否是因爲當事者做了某些踰矩行爲，才會造成對方不悅的反應。唯有如此繁複的化解過程，才能達到三方統合，相互體認、了解。同時，當事者也要展現發自內心的懺悔作爲，這樣才能感受收驚或除陰所帶來的明顯效果。在處理完成的當下，立即能感受身體能量與精神活力的恢復。

有些長期患病或經常身體不適的人，很容易道聽塗說，在未經思考之下，就聽信偏方，或胡亂找來乩身做起乩除靈的動作，像是殺、砍等方式，但這只會招來靈界更大的怨恨，使得原本一件可以從善的根本去化解的事情，演變成惡緣繼生。

所以，當身體感覺異樣時，首先還是應該透過醫療管道進行健康診斷，如果檢查不出結果或治療後仍舊沒有好轉的話，再尋求正統、正派，且功力足以與靈界詳細溝通的師父協助，化解這不應有的現象及業緣。用冷靜智慧去判別當下狀況，以及選擇該去的地方，這點相當重要。

無心之過的教訓

不管是對待有生命，還是無生命的宇宙萬物，都要將「尊重」擺在第一位。不是因為有法令規範的約束才要守法，懂得「尊重」更是做人成功的第一步。

有一天，慧華來到佛堂，無精打采地跟我說：「老師，我好不舒服喔！」

「怎麼啦？」看到平時活潑的慧華這樣，讓我也有些擔心。

「我也不知道，這陣子工作時我完全提不起勁，一回到家也只想倒頭就睡，什麼都不想做。有時候還會莫名其妙就對朋友發脾氣、起衝突，搞得大家都很不愉快。老師，我到底是怎麼了？」慧華似乎相當困擾。

「那妳覺得自己有哪裡不對勁嗎？」我問。

「我覺得身體好像怪怪的，尤其到了晚上，太陽下山之後，我就會不自主的打哆嗦（發抖）。有時到了下午，就會開始明顯地頭昏、頭痛，一定要吃止痛藥才會比較好些，甚至有時胸口會變得很悶，好像快喘不過氣來一樣。」慧華述說自己身體的狀況。

聽完慧華的敘述，我問慧華：「這個狀況已經很久了嗎？有沒有去看醫生？」

「有呀！」

「那醫生怎麼說？」聽到我這麼問，慧華的表情隨即變得憤怒。

「醫生說檢查出來一切都很正常，但這才是讓我最懊惱的。明明就很不舒服，也去看了醫生，還被醫生說我多心、多慮，被他念了一頓。但後來我還是不舒服呀，只好再去找醫生第二次，結果他居然說要把我轉到精神科或是心理科看看，說什麼去諮詢一下心理醫生或精神科醫生可能對我比較有幫助。我聽了更生氣，心想：『你是把我當神經病嗎？可是我是真的身體不舒服呀！怎麼醫生不相信我呢？』但那醫生也只會說：『妳看數據嘛，報告是不會說謊的！』，醫院就只會以數據報告來作為斷定病情的標準。」

既然醫生都這麼說，慧華也不想再多說什麼，只好摸摸頭離開醫院。只是不舒服的感覺依舊持續，慧華改到其他院所，但就是沒有一家可以檢查出她不舒服的原因，頂多是說她血壓稍微偏低，其他檢查都沒有問題。

「後來我靈光一閃，突然想到老師，想說老師一定可以幫我的，所以我就來了。」看來慧華真的已經被折磨得相當不舒服了。

我請她站在我面前，立刻打開我的天眼掃描全身上下，就像在機場過海關一樣，凡是所有通過X光機的物品，不管是裝在箱子或包包裡，全都可以看得清清楚楚，一覽無遺。

利用天眼確認慧華身體血液組織、細胞分裂等都沒問題後，我必須再打開天眼的另外一個區塊「靈眼」，藉此觀測慧華是否有卡陰問題，不然怎麼會讓她長期產生這麼劇烈的不適感。

果然！當我打開靈眼後，發現慧華的身邊竟跟了兩位靈界朋友。

「妳最近是去哪裡了？不然身邊怎麼跟了兩位朋友呢？」我問。

「我不知道呀！」慧華一臉吃驚。

「可是靈界的朋友說祂們很生氣耶，因為妳對祂們很不禮貌！」我如實將靈界朋友的話傳達給慧華。

「我？怎麼可能！我又看不見祂們，怎麼會對祂們不禮貌呢？」面對這樣的指責，慧華極力辯駁。

慧華不能接受這樣的說法，所以我又和靈界朋友溝通，請祂們告訴我整件事情的經過，好讓我跟慧華說明。結果真相大白。

「妳呀，兩個月前是不是有天半夜不睡覺，跑去Pub玩。出來後，又到了一個幽靜公園，旁邊還有小橋流水，妳就靠著橋邊在那裡吞雲吐霧，享受了起來呀！」我透過靈界朋友，還原事發場景。

慧華摸著頭想了想：「咦，好像有耶！那天我好像覺得特別煩，去Pub玩後精神還不錯，就跟另外兩個朋友一起到一個公園，那邊剛好有座小橋，底下還有造景流水，我們就坐在那裡談天說笑。」

慧華說到這裡，靈界朋友馬上對我說：「對對對！就是那個時候，她開心的在那抽菸，接著菸屁股就對著我彈下去。我起身推她一把，跟她說她打到我了，可是她卻一點反應都沒有，還一副無所謂的樣子繼續對我。我很生氣，一路跟著她，只是要她跟我說聲道歉而已，可是她到現在都還不說。」

我笑了一下，將靈界朋友的話，一五一十說給慧華聽。「慧華，妳自己說，是不是真有這回事？」

「冤枉呀，老師，這真是天大的冤枉！我是真的看不到祂們，怎麼會是一副無所謂的樣子呢？妳快幫我跟祂們解釋一下嘛！」

「可是靈界的朋友說，不管妳看得到或看不到祂們，妳的菸屁股確實是打到祂了，而且妳對妳的行為完全不以為意，讓祂受到很多悶氣喔！」

慧華聽了，急得就像熱鍋上的螞蟻：「可是……老師，不管怎麼，我真的不是故意的呀！那像現在這樣，還有什麼方法可以解決嗎？」

「好，那妳就進佛堂來，好好向菩薩懺悔吧！因為那兩位不能進來，只能待在門外，妳就在菩薩面前，真心誠意地認錯，說妳確實做了這件錯事，但是無心的，不是存心要用菸屁股打祂們，所以希望祂們能消消心中的怒氣，不要再追討這次過錯了。」同時，我也請慧華在佛堂裡誦經迴向給這兩位受氣的靈界眾生。

兩天後，慧華開心地打電話跟我說：「老師，我的胸悶好像好了耶！昨天跟前天我都沒有覺得不舒服，祂們應該已經消氣了喔！」

「是呀！那天我們將妳念的經迴向給祂們之後，祂們只要我轉告妳一句話，要妳下次抽菸不要再亂丟菸蒂了。就算妳沒有打到祂們，但這種製造髒亂的行為也不應該呀！」我說。

慧華聽了拚命點頭：「嗯嗯，我知道了，我知道了！我會把這件事記在心裡。老師，謝謝妳！我也要謝謝這兩位靈界朋友的大德，我不會忘記這次教訓的。也多虧這次祂們這樣緊追著我，才會讓我一直想辦法要找出問題在哪裡，了解自己行為的偏差，讓我往後能更懂得要尊重無形眾生。同時也要感謝菩薩的幫忙，讓我們能和諧溝通，化解彼此的疑問及怨氣，讓我上了寶貴的一堂課。」

不管是對待有生命，還是無生命的宇宙萬物，都要將「尊重」擺在第一位。不是因為有法令規範的約束才要守法，懂得「尊重」更是做人成功的第一步。

有句話說「只要我喜歡，有什麼不可以」，但卻常常被現今e世代的年輕人扭曲。如果為人處世能合情合理、不影響他人，在以此為前提下，把這句話套用在生活中，那才真的是「只要我喜歡，什麼都可以」。

祭司與靈媒

依照不同信仰和祭司，可分為道教、佛教，或是西方教派。舉凡所有祭司都可稱為神職工作人員，但其中又依神職層級而有不同稱呼。此外，祭司的神聖性也會因為信仰差異而有程度上的不同。

我們稱從事道事等活動的神職人員為「道士」。男性道士稱為「乾道」，或「道人」、「羽士」、「羽客」或「黃冠」等，有些又尊稱「道長」；女性道士則稱為「坤道」，或「女冠」、「道姑」。

佛教的神職者則稱為「聖職人員」，通常我們也稱為「僧侶」，專指一般的出家衆、僧伽。女出家衆稱為「比丘尼」，男出家衆稱為「比丘」；如果是道行高深的，我們則稱為「法師」。

西方教派的神職人員可以分爲「神父」或「牧師」，是祭壇上擔任主祭的神職人員。但在更早時期，祭司在社會中是扮演爲垂危者禱告、祈福的角色。而且不論東方或西方，都有「驅魔」儀式。以上都是由祭司或神職人員所擔任的職務。

那麼「靈媒」的角色在東、西方又有何差異呢？

在西方稱靈媒爲「巫」。能從水晶球中看到過去、未來事物的，就稱爲「巫師」，包括亞馬遜這個地域的巫師，他們可以爲患者禱告、驅魔，甚至查明他們的前世狀態。

而東方靈媒也就是我們中國人所稱的靈媒，可以爲一般衆生進行祈福、問事，甚至到陰曹地府去觀看往生親人，引往生者出現與家屬溝通或代爲溝通。

靈媒的角色可以分爲「乩身靈媒」或「代言靈媒」。

「乩身靈媒」可以藉由附身儀式，轉達神明所要傳達給衆生的指示，或者可讓第四度空間、陰間的往生者、靈界的衆生附身在靈媒身上，傳達自己的需求及狀態給陽世間的人。

而「代言靈媒」在陰陽兩界是擔任翻譯者的角色，為三方通話。當神靈將指示傳達到靈媒的意識層面之後，再由靈媒口述給當事人知道，或是往生者有任何需求，也能透過靈媒來看、聽、讀，確實了解意思之後，再藉由靈媒的翻譯，傳達給陽世家屬。

在傳統中國宗教裡，被神明選為神職人員的多為乩身。當乩身被附身的當下，是處在不知道自己做了什麼或說了什麼的狀態，等到回神之後，就會感覺自己的能量被大量消耗。現代靈媒，也就是我所扮演的角色，是擔任三方通話，為三界心靈的溝通使者。

因此，現代靈媒與過去傳統傳承下來的神職人員，職務上開始有了不同的變化。除了早期靈媒必須懂的驅魔流程之外，本身還必須具備符合當下態勢的情報、知識，尤其在科學、醫學、靈學等方面，這樣才能因應世間變動的趨勢而有所調整。

可惜現代人仍存有對早期傳統靈媒的觀念，認爲靈媒不是欠缺知識、學識，就是在面容上有殘缺，只會和鬼神說話的怪人。而我所扮演的角色，除了是人界、天界、鬼界這三界的心靈溝通師外，更是具有現代知識性、科學性、醫療性的心靈引導師，可作爲人們生活依靠的嚮導。

靈療

在這壓力沉重又轉變快速的社會下，近來坊間逐漸吹起一股標榜新時代的風潮，有愈來愈多人注意到「心靈」這塊令人好奇又陌生的領域。

當大家努力工作、拚命賺錢累了時，這些標榜「心靈平衡」的課程如雨後春筍般冒出，希望可以提供這些人一個尋求自我、探索內在的機會，以紓解大環境所造成的壓力。

對一般人來說，無論是心理諮商、心靈深層溝通還是催眠等，聽起來似乎都大同小異。甚至，最近還興起另外一個名詞叫做「靈療」。但什麼是靈療？靈療與那些心靈課程有何差別？似乎很少聽到一個能完整說明其中差異的說法。

在坊間許多標榜靈療教學的課程裡，不乏教導以「另類情緒宣洩」來作爲心理平衡的方法，但這眞能稱爲靈療嗎？否則什麼是眞正的靈療？一個眞正具有靈療能力的靈媒，他的方法和一般人談論的有何不同？

就傳統來看，靈療指的是病理上的治療，可能是內在情緒造成，或是因事件引發心情鬱悶，長期內壓造成臟器磁場被破壞，導致器官衰退。

而靈療的主導者，像是巫師或祭司，則可以用「靈勘」的方式，在不需詢問患者的情形下，透過患者的磁場影像來察覺患者身體的問題，或是器官衰退的程度、腫瘤情況等。換句話說，只要利用靈眼透視，就可以在不觸碰患者身體的狀況下，感應身體的病況。

進行靈療時，必須依循上天旨意，才能清楚什麼狀況要用什麼指印或是除病方法。比方說，巫師使用的巫術就如同佛經的咒語。咒語具有能量，可以拆解負磁場。當負磁場被破壞後，靈療師會將自身好的能量、好的氣，聚合於患者的靈體表層（好的能量會像水晶球般，晶瑩剔透），再送入患病部位，以調整患者的病況。

所以「專業靈媒」是成為靈療師的先決條件，可是**不見得**每位靈媒都能成為靈療師！因為靈療的工作神聖，並非一般人可以隨意勝任。靈療師會先以自己的靈力與菩薩溝通，完成後，上面才會傳遞一個適合的處理方式來幫助患者。

這裡所說的「溝通」只是一個很直接的傳輸過程，但在靈療師與菩薩的溝通過程中，不會刻意停頓下來。因為以靈療師本身的靈力，要通天下地道路比較順暢，在接收訊息時，也會比一般人快上好幾百倍，所以旁人根本看不到或感覺不出他在與神明溝通或處理的情形。

至於靈療的處理方式，除了可以隔空處理外，也可以面對面做驅動性處理，可是這會根據病患狀況而有所不同，絕不是「一種藥醫百種人」的制式療法。但唯一不變的是，在進行靈療前必須請示上天：「這個人我能不能醫治？」

如果眼前病患滿身業障，就不能採用靈療，必須改採其他方法來緩解或排除身體的不適；但如果病患本身福報足夠，就能藉由神佛力量，透過靈媒的靈療方法來緩解病況。經過調整，短時間內都可以恢復到原有機能的七十%左右，後續只要多休息、從飲食上調養即可。

那麼靈療有什麼好處呢？患者本身可以明顯感覺，不管是皮膚傷口或是脊椎僵化，調整後的復原速度變得相當地快。簡單來說，就是患者接收了靈療師的功力或能量來得到調整。如果進一步解釋，就是透過靈療師將宇宙能量發給患者，但前提是患者本身必須福報足夠，才能接受這樣的治療。

當然，在調整的過程中，靈療師不可避免地也會接收到患者的病氣，所以靈療師必須懂得排濁，才能讓自身健康免於危害。甚至，有些患者在處理過程中，還會遭受其他空間靈體的干擾（稱爲靈擾），所以靈療師也必須具備分辨是否還有其他靈體附著在患者體內的能力，以免祂們任意破壞磁場。整個處理過程，才不會引發患者不適，或是產生激烈反應。

靈療是可以眞正做到身、心、靈各方面的病況處理，而不是光用暗示性話語來讓患者在心裡產生假象，或是利用患者的期待心理去催眠身體，因爲這只能算是心靈治療，不能與靈療混爲一談。靈療是治療病體，而非光只治療患者的心理問題。

至於催眠是一種不靠外界能量，靠自己改變內心認定，進而影響身體情況的深層心理療癒。因爲不像靈療是直接以患者的病症爲主要處理項目，所以功效會比較慢。

過去也曾聽過一些自稱通靈的師父，當你向他問事時，會跟你說：「等等，我查一下，待會告訴你。」或是「等下次你來，我再告訴你。」結果等到最後，卻什麼答案都沒有。不過，這也可以反應出師父的程度。

我們要以此爲惕，不是所有自稱是「師父」的人都有師父的等級。就像同樣稱爲「老師」，如果你拿微積分去問幼稚園老師，礙於面子關係，對方可能會跟你說要回去查一下，之後再告訴你答案，可是當他查了還是不懂時，這個答案自然就石沈大海、永遠無解了。

總結來說，一般人如果缺乏有關「靈療」的相關知識，很容易受到坊間所談的靈療誤導。主導者是否具備眞正靈媒資格？當事者是否眞能從中獲利，還是會因此冒犯、反受其害？恐怕也只能多多打聽、自求多福了。

與亡母的對話

如果能從生活中學習「放下執著心」，追求心靈成長，學習從不同角度觀察人生，並有承擔錯誤的勇氣，改變自己的動力，就能離苦得樂，做自己眞正的主宰。

佛法以「慈悲」著稱。所謂「慈悲」就是不分你我、不分優劣，即使壞事做盡，只要願意放下屠刀，依舊可以立地成佛。

佛堂裡，舉辦過的超渡儀式難以估計。能被超渡的，除了善人之外，也有不斷造業的人。自殺，也是一種殺業。因為眾生皆有佛性，當你自殺時，不僅終結了自己圓滿無暇的人身，也終結了具有佛性的自己，因此自殺的罪相當重，死後會不斷重演自殺的戲碼，直到被救渡，才能夠解脫這樣痛苦輪迴的局面。

每當在為自殺的人超渡時，常會聽到祂們抱怨生前的心結，像是怨恨哪個人對他不好，或是哪個人又怎樣對不起自己，讓自己一時衝動，做出傻事。有時也會有家屬因為不清楚亡者的死因，所以前來佛堂尋求我的協助，希望可以藉由通靈方式查出原因。希望能幫祂超渡，讓祂得以往生西方極樂世界。

俊華年約二十多歲，有天來到佛堂，向我述說他所遭遇的困擾。「老師，有件事不知道您能不能幫我，如果真沒辦法也沒關係，只是我已經找了很多人，每個人都愛莫能助……」

看著眼前這位年輕人，樣貌俊秀，但眉宇間總是流露出一股默默的惆悵，好像內心藏了許多不為人知的心事，深深困擾著他。

「喔？沒關係呀，你跟我說說看。」我微笑對他。

「聽家裡的長輩說，我媽媽在生完我之後，不知道是不是因為壓力太大，精神狀況開始不是很好，情緒也一直很不穩定，一下心情莫名興奮、一下又會心情低落。經過醫院的檢查，判定她得了躁鬱症，需要接受藥物的治療。

我爸是個接受正規西醫教育的內科醫生，擁有一間自己的診所，對於我媽的病況，完全都是以醫學的角度來治療，只是要她按時服藥。但我媽媽自己是護士，知道藥吃多了對身體會有不好的影響，所以極度抗拒吃藥。但矛盾的是，她又沒辦法控制好自己的情緒，所以在十幾年前，我爸便堅持要和她離婚，似乎就是受不了我媽這樣的情況。那時候我還不到十歲，雖然最後我媽也答應簽字離婚，但其實她的心都還是在我爸身上，抱著一絲希望，希望我爸能回心轉意。

可是，讓大家想不到的是，離婚後短短不到半年，我爸就跟另外一個女人結婚了，這對我媽來說，簡直是晴天霹靂的大打擊！我媽完全想不到會是這樣的結局！原本精神狀況就已經不是很好了，再加上聽到這樣的消息，讓我媽幾乎整個崩潰，到了完全無法克制自己的地步。」

「然後呢？」我急著問。

「後來她就經常進出精神病房做治療，但情緒還是沒有辦法穩定下來。比較激動的時候，還會出手打人。每當她發病要動手打人的時候，醫生就會將她綁在床上，讓她無法動彈，這樣就沒辦法再打人了……」說到這裡，俊華已經哽咽無法接續說下去。

我可以感受到俊華母親的嚴重病況，可想而知，俊華母親的情況也一定帶給俊華非同小可的壓力。雖然俊華想要幫助母親，但似乎也不是這麼簡單。

「沒關係，俊華，你慢慢說。」我安慰俊華。

「離婚後，我爸也從來不曾表示關心，好像離了婚就將所有關係切斷一樣，對她完全不聞不問。」聽到這裡，不難猜想得到，俊華父親會如此不留情面要與俊華母親分開，而且在離婚後半年就與另一人結婚，導火線應該就是「外遇」，而不是單純因為俊華母親的情緒問題。

「那媽媽的情況呢？」我繼續深入了解。

「原本我媽對我爸還存有期待，但看到他這種棄之如敝屣的態度後，好像不死心也不行了。直到有天，我媽的病情又發作了，必須住院治療，可是一住就要住個二、三個月。誰知道就在她住進去後半個多月，當我還在學校時，就接到醫院通知，說我媽死了。可是，媽媽她不是在醫院嗎？怎麼會這樣莫名其妙就死了呢？醫院開的死亡證明書寫的是心臟衰竭，但我媽明明是情緒有問題，又沒有心臟病，怎麼可能好端端地就突然心臟衰竭，這不是很怪嗎？當時外公、外婆兩個老人家在驚慌與悲傷中，根本無法靜下來把事情向醫師問個清楚。老師，可以拜託妳幫我找找我媽嗎？我很想知道這中間的不明不白，到底是怎麼一回事！」俊華的眼眶泛紅，淚水都快要流下來。

我睜大眼睛，不敢相信事情竟然這麼嚴重！如此看來，俊華母親的死因確實是個謎，頓時也讓我一頭霧水，實在難以想像，一個好端端的人，只是單純住院治療，怎麼會變成這樣？尤其俊華的母親是住在精神科病房，管制是更加嚴謹、更加安全，精神科病房的進出大門都是兩層鐵門，必須有密碼才能通行，且每個病房內的窗户都有鐵欄杆防護，以免病人從窗户跳出去，在這樣嚴謹的設備與管理下，怎麼還會發生這種事呢？

於是我準備了一張白紙。「來，把媽媽的名字寫給我，我來幫你看看媽媽的情況。」我要俊華把媽媽的相關資料給我，然後就開始發揮我特有的能力了。

俊華寫完後，我開始運用我的靈眼，開啓我的搜尋引擎，透過名字與俊華母親連結，用意念與祂溝通，希望可以得知當時的經過。

「啊！我看到媽媽了！」我跟俊華說。

「真的嗎！那她現在怎麼樣，過得好不好？」俊華沉重的心情有了一絲驚喜，但隨後又著急地問。

我沒有馬上回覆俊華，因為映入我眼簾的，是一張痛苦扭曲的臉。蓬鬆凌亂的頭髮，穿著一件淺綠色的病房服裝，哀怨地看著我。我不忍心告訴俊華，他媽媽現在的樣子是如此不好，而且從俊華母親流露出的怨恨來看，可以知道祂生前的執著有多深、活得有多麼痛苦。

「嗚~嗚~」俊華母親淒厲的哭聲，一下穿透我的耳朵，讓我有些耳鳴。

「啊！我的俊華……我過得好苦呀！」俊華母親哀怨地說，但俊華根本聽不到，只能透過我來轉達。

「我之所以會來找妳，是因為俊華的關係，因為俊華想要知道妳走時的狀況，這孩子想要幫助妳……」我開始用意念與俊華的母親溝通。

「嗚～我的俊華，我的兒呀！」因為俊華的母親一直哭喊著俊華的名字，讓我無法與她好好溝通。

「俊華一直無法理解為什麼妳會突然在醫院過世，他很想知道原因，可以請妳告訴我，好讓我跟俊華說明嗎？」我又重複了一次。

「嗚～俊華要幫我，俊華要幫我……俊華呀，你終於來找我了……嗚～」俊華的母親不斷哭泣，久久都無法走出自己的情緒。

「老師，到底我媽媽她現在怎麼樣了？可以請妳告訴我嗎？」俊華又著急地問了一次。

「媽媽的情緒一時沒有辦法轉移，還在她難過的情緒裡，讓我沒有辦法與祂正常溝通。」我難過地跟俊華說。

「那怎麼辦，我能做些什麼嗎？」俊華問。

「你要不要跟媽媽說說話，讓祂好過一點？」我試著想辦法。

「說話？怎麼說？我要怎麼跟她說？」俊華驚訝地問。

「直接說出來就可以了，媽媽已經在現場了！」我回答。

「什麼！在現場！在哪裡？在哪？我直接開口跟她說就好了嗎？」俊華難以置信地大叫，完全沒有想到媽媽會來到佛堂。

一般人都很難相信往生者的到來，其實大家都不了解，當我開始搜尋往生者的名字，並與祂們連結上之後，多數的祂們，也都已經來到了現場。

「媽媽就站在你的右後方，你可以直接跟她說話喔！」我再次給予俊華信心，讓他知道媽媽真的來了！

「媽媽，妳現在過的怎麼樣，妳現在好嗎？我……我……我一直都很想妳，嗚～」終於，俊華也難忍積壓已久的情緒，落下男兒淚。在媽媽面前，再堅強的男子漢也只是個愛撒嬌的孩子。

「俊華，媽媽也很想你呀！我好想找你，但都找不到啊！」俊華的母親哭喊著，從過世到今天，總算又見到自己寶貝兒子一面。我轉告俊華，母親對他的回應。

「媽媽，我今天找到蔡老師，真的沒有找錯人。蔡老師真的可以幫助我們！妳看，蔡老師讓我們又可以重逢了。嗚～」俊華哭著說。

「蔡老師……蔡老師……是眼前這位嗎？妳就是蔡老師！」俊華的母親終於回過神，可以分一些心思在我身上，讓我可以與祂溝通。

「是的，俊華媽媽妳好，我就是蔡老師。俊華今日來，是想要幫助妳，可以盡早脫離這些痛苦的。」我將俊華的來意又說了一遍，這時俊華的母親才終於了解俊華這趟的目的。

「俊華他爸，都這樣對我，我……我……我不甘心啊！」俊華的母親仍放不下生前的心結，還在痛苦的漩渦中。

「媽媽，到底發生了什麼事？為什麼妳會突然……突然離開我了？本來不是好好的嗎？為什麼在醫院會發生這種事？妳跟我說，如果讓我知道是誰害妳的，我一定會找他報仇！」俊華氣憤到連拳頭都握了起來。

「俊華，你別激動，冷靜一點，先讓我好好了解一下情況，你再做決定。俊華媽媽，妳願意跟我們說說嗎？」我試著多了解俊華母親的內心，讓我可以知道如何給祂最好的幫助。

「俊華，嗚～你的心意我已經接受了。可是，有很多事是不能改變的。嗚～」俊華母親難過地說。

「俊華媽媽，能不能跟我說說妳跟俊華爸爸的事呢？俊華很想了解呢！」我說。

「嗚～我跟他呀……我跟他呀……這是我的心頭之恨啊！」俊華母親無法停止的悲痛，仍是難以抹滅。

「沒有關係，妳慢慢說，我會轉達給俊華，讓他也能了解實際的情況。我想，妳也不希望看到俊華為了妳的事情，內心有如此大的心結吧！」我以柔性的方式勸說俊華母親，雖然她已不能復生，但孩子內心的癥結點，終究還是要幫他解開。

「唉，我可憐的俊華，還有很多事是他不知道的呢！」俊華母親終於開始述說過去發生的事情。

「想當初，我和他爸爸結婚時，他爸還在念醫學系，還是個學生呢！因為意外發現自己有了身孕，就是我的寶貝俊華，那時候保守，怕人家用異樣眼光看我，我們才不得不早早結婚。而且等到婚禮籌備完，我都已經懷孕五個月了！我是懷孕五個月才嫁給他爸爸的。

對我來說，奉子成婚這件事雖然有些丟臉，但我跟他爸還是覺得是雙喜臨門，滿懷欣喜地要共組家庭，準備迎接俊華的到來。但其實對我們的父母來說，他們都不是這麼放心，因為那時俊華父親還在讀醫學系，年紀太輕，長輩覺得他年輕氣盛，心性未定，讓人感覺不是那麼可靠。」俊華母親娓娓道來。

俊華母親一邊講，我一邊轉述給俊華，讓俊華也能即時加入談話，滿足俊華想和母親說話的欲望。

「那麼，為什麼阿公、阿媽都說妳生下我之後，情緒變得很不穩定呢？」俊華問。

「我也不知道為什麼，生下你之後，感覺壓力特別大，很容易掉眼淚，有時會非常悲觀，可能也是我自己也太年輕吧！對於照顧小嬰兒的自信不足，一點點小事就讓我提心吊膽，深怕你有個閃失。你爸平時又還在上課，需要專心念書，要考醫師執照，不能夠讓他分心。

而且，你爸爸對我不是很體貼，每次你一生病，你爸不分青紅皂白，劈頭就怪我沒有把你照顧好，對我非常不耐煩，好像不管什麼都是我的錯……讓我覺得好無助……之後，我的情緒就開始起起伏伏，變得很不穩定了。」俊華母親悲傷地回憶著。

「其實，在現代醫學來講，這就是所謂的『產後憂鬱症』。當母親在生完小孩後，不時感到悲觀、憂鬱，面對嗷嗷待哺的孩子，總是提不起心力，而且還要獨自面對所有照顧小孩的問題，這對一個年輕媽媽來說，壓力是非常大的。再加上先生不夠體貼，在這種情況下，要想情緒不出問題很難！」我一邊加以解釋，讓俊華能了解媽媽當時的辛苦。

「是呀，而且俊華他爸要我自己去看醫生解決心理問題，好像我情緒不穩定，與他都不相干似的。也不想想，他對我有多不耐煩、多不體貼，還一直要我自己吃藥控制。藥物多傷身呀！我只是希望他能給我多一點關心和照顧啊！嗚～」俊華母親講到傷心處，不自覺又大哭了起來。

「俊華媽媽，妳不要難過，這些都已經過去了！」我安慰著。

「是呀，媽，妳聽蔡老師的話，不要再難過了！」俊華說。

「……你們說的對，這些都過去了……」俊華母親回過神來，若有所思地說著。

「那後來呢？為何後來離婚了呢？是爸爸逼妳的嗎？」俊華繼續問。

「你不知道，你爸在跟我離婚前，已經外遇兩次了！啊～」俊華母親一講到這裡，突然大聲尖叫，淒厲的叫聲，讓我突然嚇到！

「蔡老師，怎麼了？我媽說了什麼？妳看起來好像被嚇到！」俊華發現我的表情有些不尋常，趕緊問我。

「蔡老師，妳說我怎能不恨呀！我恨啊！他為什麼要這樣對我，為什麼……我恨啊！」俊華母親此時只有憤怒、怨恨與報復之心。我還來不及跟俊華說媽媽的答覆，心裡只有想著要如何讓俊華母親放下這些仇恨。

「蔡老師，妳說我如何咽得下這口氣！可惜那時的我太軟弱，不知道要怎麼爭取自己的權益，只能任由俊華他爸擺布，他為了第三者要跟我離婚，要跟我離婚啊！我的孩子還這麼小，他怎能這樣對我！是他逼我的，是他逼我的！」俊華母親又陷入在生前的痛苦與執著裡，無法自拔。

「俊華媽媽，妳說『是他逼妳的？』這句話我聽得不是很懂，是什麼意思呀？」我問。

「嗚～是他逼我的，是他逼我的！」俊華母親不斷重複說著這句話，當我還在思索這句話的意思時，我猛然心驚：不會吧！難道……俊華的媽媽是自殺的？

「俊華，你跟媽媽說說話，讓她冷靜些，她現在情緒有些失控！」我跟俊華說，但俊華還不知道發生了什麼事。

「喔！好，我知道了！媽媽、媽媽，妳先冷靜些，先聽蔡老師說，妳忘了嗎？蔡老師可以幫助妳的！媽媽！」俊華雖然緊張，但也乖乖聽我的話照做。

「俊華媽媽，來，聽我說，我知道妳很痛苦，但事情終究是要解決的。妳已經在這樣的傷痛下很久，是該放下的時候了，不要再用這些難過的事情困住自己，不值得，不值得的！」我試著安撫俊華媽媽。

「不值得？我也知道不值得呀！可是事情就是這樣發生了，我有什麼辦法呢？我有什麼辦法呢？我就是放不下呀！」俊華母親說。

「想想妳的孩子吧！看看他這樣一個人，為了妳找遍各種方法，就是希望能幫助妳。如今他獨自一個人來到佛堂，求的也是要幫助妳脫離這些痛苦。妳苦，孩子也為了妳一起苦，妳忍心讓孩子為了妳的事繼續難過下去嗎？

妳如果放不下這些過去，那麼孩子是無辜的，他又該怎麼辦呢！俊華是個孝順的孩子，看到妳這樣痛苦，他會很難過的！看到妳不快樂，俊華也不會快樂的！俊華媽媽，為了孩子，也為了妳自己，放下過去的一切吧！」我激動地說。

「放下？我的心，好痛呀！誰會知道？我好痛！好不甘心啊！難啊！」俊華母親悲痛地說。

「是呀！很難，我知道很難！但如果不放下，孩子便要一輩子為了妳的放不下而辛苦擔憂。擔憂自己的媽媽在另一個世界過得不好、擔憂自己的媽媽在另一個世界這麼痛苦……看見孩子這樣為自己勞心一輩子，而失去了他這個年紀該有的歡笑，這一切，只要妳能放下，讓孩子擁有一個沒有罣礙、沒有心結糾纏的人生，這才會圓滿呀！」我繼續說。

「為了俊華……為了俊華……嗯，為了俊華，我的俊華……」俊華母親的情緒終於又恢復了一些，慢慢地在思索我講的話。

「俊華抱著希望來到這裡，妳應該也不會想看到俊華又失望地離開吧！俊華媽媽，我相信妳是愛俊華的，我相信，妳為了他，是沒有什麼做不到的！」我激勵俊華的母親。

「嗯，為了俊華，沒有什麼是做不到的……對，沒有什麼是做不到的！」俊華母親似乎終於想開了一些。

「媽，妳還好嗎？老師跟妳講了好久，妳們在說些什麼呢？」俊華在一旁等了許久，終於問了。

「俊華啊，媽媽願意為了你，放下這些過去。我願意放過他（俊華的爸爸）只求你能平安快樂，過好你的人生，你的人生要充滿希望，不要像我一樣！」俊華母親說著。

「媽媽，只要妳能開心，我也就開心了！我真的不多求什麼了！」俊華開心地說。

「只是，我心中的最後一個疑惑……」俊華小聲地說。

「你是要問媽媽的死因，對吧？」我猜到俊華的心思。

「老師妳還記得，妳知道我想問的！」俊華驚訝地說。

「我當然還記得！」

「唉，本來我真的是說不出口的，但現在，我也看開許多，就如實跟你們說吧！」

俊華母親說。

「那天，我又因為控制不了情緒要去住院，那一住就是幾個月，之前也已經出現好幾次這種情況了，我也希望自己的情緒能夠平穩，但就是沒有辦法。我對於自己這樣沒救的人生，漸漸失去希望，我受夠了這樣的人生。所以，我下了一個決定，我不想再苟活於人世了！」俊華母親沉重地說。

「啊！」俊華驚訝的張大了嘴，不敢置信地聽著我的轉述。

我點點頭，表示俊華沒聽錯，媽媽確實做了這樣的決定。

「於是我想到一個辦法，而且是能讓自己一次就『成功』的辦法！我把醫院所給的藥全都暗藏起來，等收集到一定分量後，再一把吞下，結束自己的生命。」俊華母親繼續說著。

「可是精神病房的病人，吃藥時不是都有醫護人員在旁邊監督，要確保病人真有將藥吞下，怎麼可能還有藥可以偷藏呢？」俊華不解地問。

「在他們面前，我會假裝乖乖吃藥，但其實根本沒有吞到肚子裡，只是把藥藏在舌頭下，再張開嘴巴讓他們檢查，他們就以為我已經吃下去了。又因為我自己是護士，知道多少劑量的藥足以致命，所以當我一口吞下收集起來的藥物之後，就……就……」俊華母親再也說不下去。

「就？」俊華不解地問。

「媽媽是全身抽蓄而亡的，狀態相當可憐。」我不保留的將俊華的疑問解開，只希望俊華在了解情形後，能真正放下這些過去，不要再受這些心結所困。

俊華聽完後，一時之間也不知道該如何反應，內心雖然百般不捨、心疼母親的處境，但至少已經了解事情的原委，也了卻了他的一樁心事。

「俊華，你知道嗎？現在對媽媽最有幫助的，就是幫祂舉辦超渡法事，讓祂接受菩薩的加持，放下心中罣礙，往生西方極樂世界。而你自己也要祝福母親能離苦得樂，不要去怨恨父親，畢竟會發生這些事，都是因果。母親雖然因為過不了這關，最終以自殺結束生命，但幸好你有佛緣，仍然得以救拔、超脫，也算是一個圓滿的結局。」我對俊華說。

「那麼，我該怎麼做呢？要做些什麼呢？」俊華問。

隨後我向菩薩請示，確認了俊華要幫媽媽做的「功課」後，便跟俊華說：「幫媽媽超渡前，你要先做足十部《地藏經》、八部《普門品》、八部《阿彌陀經》，還有十五部《藥師經》，迴向給母親。由於媽媽的胃部及神經系統因為藥物過量的關係，都有受損的情形，所以《藥師經》多一些，可以修補靈體缺損的部分。

而且媽媽是自殺死的，業力太大，所以要念誦《地藏經》給媽媽，讓她解脫所受的地獄之苦。《普門品》與《阿彌陀經》能使靈體能量俱足飽滿，讓母親透過這些經文功德的能量加持，在超渡當天能夠順利接受佛菩薩的引領，往生西方極樂善處。」我告訴俊華。

「沒有問題，為了媽媽，再多的經文我都願意念。只要媽媽能順利去西方淨土就好。」俊華終於可以展開笑顏，無所罣礙的去追尋自己的目標了。

佛法的引領，是無私的大愛，救脫無邊無數漂泊的靈魂。有人因在世時的種種，過不了自己這關，最終選擇自我了脫這條路。凡是因自殺而死的靈，雖然生前活在痛苦的執著中，但死後還是會重複上演生前的景象。

如果陽世親人只是一昧地傷心，而不懂得要去超渡亡魂，也只是多拉一個人去痛苦罷了！而往生的人仍舊要受千百劫的地獄之苦；但如果陽世親人能懂得超薦的重要，費盡心血要讓往生者離苦得樂，那我們自己又要如何在生活中離苦得樂呢？就是要學習「放下執著心」，追求心靈的成長，從中發現真正的自己，學習用不同角度觀察人生的每件事，並有承擔錯誤的勇氣，改變自己的動力，這才是成熟的人，才能真正做自己的主宰。

超薦的意義

儒家所倡導的「愼終追遠」，這是相當良好的教育。不僅能收民德歸厚之效，還能讓後代世人懂得孝親報恩，這也是德信的根本。

從古至今，中國人是個相當注重孝道的民族，特別是在祭祀祖先上。古禮中，有關祭祀時的愼終追遠及禮節是相當煩瑣、細膩的，但因爲其中的涵義很深，如果不去探究，根本無法了解原由，自然也就無法處理這些事情了。

一些願意接受超薦法會的人，肯定他的福報一定不淺；如果能進而參加法會，那他的功德福報一定更大。因爲要了解當中的道理與實相，以及要誠心誠意、盡心盡力地去奉獻、做對別人有好處的事情，是需要累劫累世積存下來的福報，才能緣分俱足的。

可是，有時我們也會看到有些人在超薦時討價還價，像是覺得要在佛祖面前跪很久很累、沒辦法念那麼多經，或是花了那麼多時間，事後也沒感覺自己哪裡不一樣等。

如果真有這些想法的人，那麼奉勸你還是先暫停下來，以免障礙了自己，也障礙到別人。勉強下去不僅一點效果都沒有，還會產生副作用。

如果你是真心想要替你愛的家人或朋友超渡，那麼你所要做的，就只是相信自己可以全心全意完成這件有意義的事而已，其他的就不要多想了！

小妾的轉世

「輪迴密碼」讓每個關係人的性格與心境都與前世雷同，甚至到了這世所輪迴的角色會更親近，遇到的問題也會讓當事人更加痛苦、難解。

許多人在生活中遭遇困難後，會希望藉由了解自己的前世，來為今生尋求解決之道。或是將前世今生的角色關係圖視為藏寶圖，不僅想要得知，也想收藏。我們就透過下面這則故事來讓大家了解，到底在前世種什麼因，會在今世結下什麼果。

一位二十出頭的年輕女孩小真，透過朋友介紹來到佛堂。我對小真的第一印象非常深刻，是從一通電話開始。

有一天，佛堂接到一通電話。「喂，呃……請問是蔡老師嗎？」聽起來似乎是個極度憂鬱的女生，因為從電話中傳來的聲音是緊張與恐懼。

「是，我就是，請問妳是？」我平和地說。

「喔……蔡老師好，我叫小真，我想跟您預約時間，呃……不知道要如何約？」唯唯諾諾的聲音，小到幾乎快要讓我聽不見！

這樣一個心情低落的磁場，也感染到原本心情還算不錯的我，讓我跟著憂鬱起來。其實，靈媒體質就是這樣，對於外在環境磁場的接收度非常敏銳，即便是在電話中，一樣可以接收到對方的心思、情緒以及當下的狀態。

「好的，小真，妳想要找老師聊聊嗎？我幫妳安排一個時間。」我說。

在與她解說完預約手續後，她那股憂鬱的情緒仍令我印象深刻，就像是一個患有憂鬱症的病人在向我求救一樣。她心中似乎有一股埋藏已久的怨念，當我一接起電話，這股怨念就衝到我身上，久久不散。

到了與小真約定見面的那天，第一次見面，就覺得她滿臉憂愁、不見一絲笑容。一進門，見她頭低低的，好像一副看到我很害羞的樣子，對陌生環境充滿了不安全感。

小真一坐下來，也不知要從何談起，於是我主動詢問：「怎麼了？有什麼話想跟老師說嗎？」一般會來找我的當事人，都會自己親口說出自身問題，像這樣由我主動開口詢問小真的情形，還滿難得一見的。

「老師，我想問的是家庭問題。我覺得我好像都走不出來……」我的話一問完，小真就像忍著要哭似的，支支吾吾地述說糾纏在她心中二十多年的結。

原來，小真的爸爸是名醫師，從小家庭衣食無缺，生活優渥，經濟無虞。小真從小功課也不差，畢業於不錯的大學，外表看似聰明伶俐，家庭背景良好，但外人看不到的是，原來在她的家庭裡，潛藏了前世密碼，存有不少問題。

小真的媽媽在她九歲時便過世，取而代之的是爸爸的外遇對象。小真的爸爸是一名自恃甚高、非常極權的父親，自我主觀意識很強，可能是身為醫師、在社會上擁有高身分地位的原故，非常喜歡別人對他奉承，來滿足自己的成就感。

小真總是很在意爸爸的情緒，看到爸爸高興，小真就覺得高興；看到爸爸生氣，小真的心情也會跟著不好。她發現，自己的情緒很容易受到爸爸影響，常隨著爸爸的情緒起伏，可是也不是很懂為什麼會這樣。

另一方面，小真的爸爸也不是很懂女兒的心思，對待小真時的態度總是顯得不耐。突如其來的脾氣，也常讓小真感到措手不及，難以招架。沒有了媽媽的溫柔呵護，還要不時面對翻臉跟翻書一樣快的爸爸，長期生活在這樣的緊張、恐懼之下，一直給小真帶來相當大的壓力。

而小真的繼母從小家境貧困，小時候家裡吃水果都是一顆橘子由好幾個人分，每個人只能分個幾片。這種對物質享受極度不滿足的感覺，造成了她日後對物質生活的極度渴望。對她來說，「金錢」的重要性幾乎已經到了讓她價值觀偏差的地步，凡事總是只向錢看。自從嫁給小真的爸爸後，更讓她想在眾人面前表現出自己是身處上流社會的虛榮。

但如果撇開金錢不說，小真的繼母有個優點，就是她非常能夠吃苦，愛做家事，好像「打掃」是她人生中一件非常重要的事。如果有人稱讚她打掃很厲害，她就會覺得非常得意且光榮（這在後段會加以說明）。

小真從小由爺爺、奶奶拉拔長大。爺爺是學校校長，在書香門第的教育下，小真無法認同繼母這種追求虛榮的價值觀，可是又沒辦法改變她，所以只能暗自在心裡對繼母存有不滿，總覺得繼母做的不夠好，也感覺繼母沒有將自己當成一家人、對自己的照顧不夠周到等。

而且，自從同父異母的妹妹出生後，更讓她覺得自己似乎已經被這個家踢出去一樣，常常看著父親、繼母與妹妹有說有笑，但自己卻連一句話都插不上。

每次放學回家，繼母都忙著照顧妹妹，對自己的關心就僅止於客套的問候。父親每天早出晚歸、工作辛苦，注意力全都放在繼母與妹妹身上，對小真的關心自然也比較少，這讓小真的心就像刀割一般，實在不了解為什麼明明是自己的家，自己卻反而比外人還不如，根本不受重視！

所以，就算在學校或生活裡發生了什麼事，在家中也無人能說、無人會聽。自己已經長期被這個家忽略，這是讓小真感到最痛苦的地方。

「老師，我想知道原因，是不是跟前世今生有關？妳可以幫我看看嗎？」小真相信有輪迴，於是這樣問我。

「當然可以呀！來，把妳們家人的名字全部寫給我。」我說。我必須一起搜尋全部關係人的資料，才能找出他們有共同因緣的那一世。

我專心看著名字，畫面開始慢慢浮現……。

「嗯，你們是在明朝結下的緣，妳爸爸是個員外，簡單來說，就是一名大官。哎喲，這官還不小喔！像是一個市的市長。嗯，咦，妳是他的小妾！妳是她的第三個夫人喔！」我發現這個關係似乎滿有趣的。

「是喔！我就一直覺得我前世一定是我爸的情人，才會這麼在意他的一舉一動，連心情都隨著他起伏，難怪喔，因為我是他的小妾，是他的枕邊人嘛！」小真也興奮地參與話題。

「妳繼母呢，是妳的丫鬟，是大官派來專門伺候妳的丫鬟喔！」我開始覺得這故事愈來愈好玩了。

「哇，是喔！真的假的，實在太有趣了！」小真驚訝又難以置信地說。

「妳的生母是大官的二夫人，生完一個小女嬰後就難產過世。那個女嬰就是妳這輩子的妹妹！嗯，難怪妳跟妳生母的緣分那麼薄，原來是因為上輩子的緣分就不深呀！後來因為二夫人過世，所以女嬰就交由丫鬟代為照顧，上輩子是丫鬟帶大女嬰的，喔，所以這輩子女嬰就成了妳繼母的女兒。」我說。

「是喔……」小真的口氣由興奮轉為沉重，看得出來小真覺得失落。沒有想到自己與母親的緣分是這樣的淺，而繼母與妹妹的緣分是這麼的深。

「後來，發生了一些事情，讓妳對大官與丫鬟的心結始終放不下……」我細細地述說著，故事便要開始了。

但首先，我稍對小真前世今生的角色關係做個簡單說明。

小真父親：前世是位明朝大官，好女色。

小真生母：前世是大官的二夫人，生下一名女嬰後便因難產過世。

小真：前世是大官的小妾，是第三個夫人。

小真繼母：前世是小妾的丫鬟。

小真妹妹：前世是二夫人所生的女嬰。自從二夫人過世後，便由小妾的丫鬟照顧。由於前世是丫鬟帶大，今世就成了小真繼母的親生女兒，前來報恩。

透過調閱小真的前世故事，再對照這世小真的家庭處境，就能清楚知道前世與今生的因果關聯性。

前世，這名大官的官位不小，相當於現今新北市市長的地位，可想而知，他的掌控權力很大，也因為如此，許多小官會處心積慮想要巴結他，希望能夠受到提拔，有朝一日飛黃騰達、平步青雲。

可是，這名大官天性愛好女色，並沒有因為已經享有齊人之福而滿足。在一次與小官的聚會中，又看上了小官的女兒。小官為了奉承巴結，便將女兒嫁給大官，成為他的小妾，希望藉由姻親，讓自己的地位提高。由此可知，為何今世小真的爸爸會如此極權、喜歡他人奉承，並且有外遇了。

而這名小官的女兒（也就是大官的小妾）就是小真的前世，所以今世小真也是出自書香門第，與前世相同。

大官將小妾娶進門後，便派了個丫鬟專門伺候小妾。丫鬟出身貧困，父母親為了讓她求得溫飽，才將她送到官府做下人，而這就是小真繼母的前世，因為掃除是她的工作，所以今世才對「打掃」有種說不出的責任感，對財富也有著一股強烈的渴望。

每到過年時，主人會賞給下人一筆錢，就好像年終獎金一樣，讓他們可以回家過好年。自然地，下人們也不會放過任何一個可以拿到錢的機會。所以每逢過年，丫鬟除了可以從小妾那裡拿到賞錢外，還會特地跑到大官那裡再行一次告別禮，希望可以從大官那再拿到第二份好處，而這份對金錢渴望的記憶，也就帶到這一世。

此外，由於二夫人在生下一名女嬰後便過世，所以這個丫鬟也負責照顧女嬰，如同母女般，產生親密的關係。

表面上，小妾過得錦衣玉食，無憂無慮，受到大官喜愛，在家中似乎占有一席地位。對照小真這世的環境優渥，也的確不用她為生活經濟操心。但後來卻發生了一件令三夫人感到晴天霹靂的事，為家裡掀起一股波瀾。

原來，好色的大官因為貪圖丫鬟美色，兩人在刻意隱瞞小妾的情況下，竟發生了不可告人的關係。但紙終究是包不住火，這件事到底還是讓小妾給發現。雖然小妾無法諒解丫鬟對她的背叛，處處刁難，嫌棄她做的任何事情，這點也和這世小真對繼母的想法一樣，可是因為有了大官撐腰，小妾也無計可施。

過不了多久，大官宣布，要收丫鬟為四房夫人，這消息讓小妾這個做三夫人的再度跌到谷底。可是，生在古代男尊女卑的父系社會，面對丈夫的不忠，儘管有再大怒氣、怨恨，但身為女人的也莫可奈何，可是又放不下內心執著，只能眼睜睜看著大官、丫鬟、女嬰三人享受家庭歡樂，自己卻孤單的像個局外人，這點也與小真這世的感覺一模一樣。後來，小妾因為始終無法化開自己的心結，便上吊自殺，離開人世。

「啊，什麼！原來我上輩子是上吊死的！哎喲……好可怕喔！」小真尖叫地說。

「是呀，也難怪妳這輩子的心結這麼深，一直困擾著妳二十多年走不出來，因為妳上輩子根本就沒有走出來呀！關卡沒有過，所以這輩子又再來一次，直到妳過關為止！」我語重心長地對小真說。希望她可以藉由了解前世今生，看開、放下這些原生家庭給予的困擾，不要再重蹈覆轍。因為，真正要解開的，還是小真自己的內心。

「可是，我總覺得是他們要改變，他們要對我好一點⋯⋯」小真難過地說。

「小真，如果妳一直這樣想的話，就表示妳還是跟上輩子一樣喔！前世的妳，一直覺得是他們對不起妳，是他們的錯，因為看不開，最後才會走上自殺這條路。但這輩子已經不一樣囉！妳還年輕，還有無限的未來，不要再繼續被困在這個前世的感情糾葛裡了，要為自己多想一點！」我勸小真。

「唉，真的好困難喔！可是，好像也只能放下，我也不想跟上輩子一樣⋯⋯因為有時候，我真的會差點想不開耶！」小真害怕地說。

看到小真這個樣子，真是讓我覺得心疼。雖然前世有前世的因，但這一世，如果我能將小真拉出這個輪迴，或許，也算是救了一條命吧！

「小真，看著我，家裡的事情就讓它過去了，沒有什麼事情是過不去的，這個關卡已經告訴妳最後的結局。今天妳來找到我，了解了這些因果，就代表妳還有改變的機會。相信老師的話，天底下沒有做不到的事情，我相信妳一定可以走出來的！妳很聰明，應該可以懂老師說的意思！」

「嗯，天底下沒有做不到的事情，好熟悉的一句話，我怎麼忘了呢！」小真若有所思地說。

「這讓我想到以前高中有位對我很好的老師，也是這樣跟我說的。她讓我學到很多！」小真心中似乎又燃起一絲希望。

「是呀！想想那位老師吧！其實在妳周遭還有很多人都在關心著妳，妳並不孤單！可能是妳父親不太懂得愛人，但虎毒不食子，這輩子妳是他女兒，我相信在他內心深處，妳還是有一定分量的，千萬不要妄自菲薄！」我持續、努力地轉動小真的心。

「老師……」小真感動地看著我，眼中淚水已經不聽話地流下來。

「老師，謝謝妳，我知道了，其實我身邊還是有很多人都會關心我的！我並不孤單！謝謝妳，妳真是一位好老師，我會努力的，不會辜負老師的這番心意！」小真感激地說。

「加油！妳能夠有這樣轉念的心，我相信妳一定可以把自己照顧的很好！」看到當事人可以因為我的協助而放下心中怨結，對我來說，這就是最大的回報。

「謝謝老師，真的很謝謝，這一趟果然沒有來錯，我身邊如果有像我一樣的朋友，也一定會介紹給老師，讓他們也能獲得幫助。」小真的心已經轉向幫助他人了，這真的是一件可喜可賀的事呀！

「好呀！只要妳有遇到任何困難，隨時都可以來找老師，老師都願意幫助妳和妳的朋友喔！」我欣慰地說。

「謝謝，我知道了！真開心能認識這樣一位蔡老師呢！」單純的小真似乎已經一掃過去陰霾，終於撥雲見日了。

看到小真這麼開心，也讓我覺得自己又做了一件有意義的事！不敢想像，如果這個年輕女孩沒有解決心中這樣深的心結，最後的她，會做出什麼樣的選擇？但至少，小真因為來到佛堂，已經有機會可以學到如何正面面對問題，並藉由前世的事情來看清自身所處的狀況，學習放下與改變。

現在的小真已經轉變心境，一段時間後，她跟我說已經找到一份好工作，要正向走出自己的新人生，也不再埋怨家庭給自己帶來的痛苦。平日下班後，會買一些東西回來給妹妹吃，也會賴在爸爸的身邊，說一些今天發生的新鮮事和爸爸分享。哪怕爸爸還是跟往常一樣，擺個臭臉，不太搭理，但小真也不會再像以前一樣有受傷的感覺。

倒是爸爸察覺小真變了，變得比較開心，而不是成天在家哭喪著臉。小真的爸爸在小真改變後，也漸漸敞開心胸，願意跟她聊聊醫院的趣事。小真和爸爸一家人也會在假日時，一同到郊外走走。這樣的生活，這樣的幸福，正是小真從前世到今生一直希望得到的圓滿。

「輪迴密碼」讓每個關係人的性格與心境都與前世雷同，甚至到了這世所輪迴的角色會更親近，遇到的問題也會讓當事人更加痛苦、難解。但是，天底下沒有解決不了的事情，就看我們自己的內心如何去轉化、去改變了！只要我們願意放下執著，相信幸運之神，一定會常伴我們左右的。

因果輪迴與轉世

因爲每個人在世時會種下各種種子因果與功德業障，所以當我們走完人生後，就會列出一張「生命果報」清單等著我們去領受，而這就是「輪迴」。

因果就像古人說的，「種瓜得瓜，種豆得豆」，種什麼因，就得什麼果。「轉世」在宗教界是一個非常強大的力量，就像西藏喇嘛轉世是可以預知的一樣，也是讓我們在修法上能有所依規、精進的促動方式之一。

如果沒有輪迴，我們很難解釋爲什麼人生下來會有高低平等不同的差異；如果沒有因果，我們也很難解釋爲什麼有些人生下來就能看透人與人之間的前世因果。

雖然某些宗教不會特別強調對「輪迴」的見解，可是他們會藉由動物死後升天來引述，也會特別膜拜那種動物，這就是證實輪迴存在的一種，只是沒有詳述而已。

其實我們眼睛所見的事物，就如同燈光的照明功能一樣，看到的只是因緣的外緣而已。要「明心見性」，真正見到自己的本性、心性，這點才是最重要的。

從科學家的立場，他們會設法去推翻「輪迴」的說法；但如果是以宗教的角度，就可以有很多見證。但輪迴不是「佛法」的專利，事實上，普遍宗教都有在談論輪迴的道理，只是佛教徒比較依循六道輪迴的原理原則在推進罷了。或許我們起心動念只是一瞬間，但是因果、福德、惡業卻會在這瞬間種下。因果就是這樣聚化而成的。

輪迴也並非一世與一世的專利。實際上，現代的輪迴已經演變成每日的輪迴了。輪迴有日輪迴、週輪迴、月輪迴、年輪迴、世代輪迴等分法。

舉例來說，日輪迴又稱爲「天天輪迴」。想想今天過的和昨天是不是一樣？早上匆匆出門，趕上班、趕坐車、趕辦老闆交代的工作，連喘口氣的機會都沒有；到了下班，也許已經夜深人靜了，自己可能還拖著疲憊身軀在喘息，如此不斷重複。雖然看似無法改變，但其實並非如此。類似上述情形，如果每天能花五分鐘來沉澱自己的心性，觀察或回憶自己今天發生的一切及所有作爲，一旦發現不妥，就要趕緊改正錯誤，調整方向，分離掉不當的言行舉止，如此反省就是調整磁場、跳脫日輪迴的要訣。

現今社會，可以將世間人們大致分爲兩種。一種是活在自己的框架裡，不斷唉聲嘆氣，一心想著要跳脫現有環境，可是卻沒有反省自己是否一直都在做同樣的事情，所以即便換了環境，狀況仍舊沒有好轉。

比方說，有些人常向我抱怨，爲什麼不管自己到哪裡都會遇到不好的老闆呢？可是，這些能看透老闆不是的「明眼人」，卻往往看不到自己是如何待人、如何與人相處的，而這就是「濁心」。

濁心會矇蔽我們明亮的雙眼，讓我們自怨自艾如何遭受對待，卻沒有反省爲什麼不管自己走到哪裡都是發生一樣的狀況，像這種情況也是輪迴的一種。

另一種是走在另類空間的身心靈追求者，雖然會勤於參加正向靈性啓發課程，像是佛學課程、禪修課程、心靈課程等，不斷替自己的身心靈注入補給品，但這只是爲了追求一種名目的學習，所以儘管學得再多，生命還是無法快樂豐足，心靈還是會感到空虛。

一旦所求偏離正道，將所有身心靈課程或是宗教法門全都視爲一種利益交換與地位象徵的話，就會完全忽略眞實本性的淨化與洗滌。

有多少人想要渡化衆生，但最後卻因爲金錢利益的關係，讓自己身敗名裂；有多少人想要慈悲無我地奉獻，但最後卻被無所回報的感覺給殺傷。

其實，所有的因果循環都是有跡可循的，不要問天、不要怨地，只要看看自己做了什麼事情就好，知足常樂、善緣圓滿就是這個意思。情願做，甘願受！所有的付出，不論是發自自己的慈悲心，還是純粹熱心幫忙，我們都要拿出歡喜心，用無所求的心態去看待，一切就能圓滿。

拜佛的內涵

「拜拜」對中國人來說，是免不了的習俗。從小開始，每逢過年或一些傳統節日，就會看見長輩們要小孩手拿三炷香，一起在神明面前，祈求菩薩諸神保佑全家平安、學業進步，考試都能一百分。聽到大人這麼說，小孩們也就拿著香在神像面前猛點頭、猛鞠躬，拚命彎腰地拜，但實際上，或許根本不知道這麼做的意義是什麼。

此外，有些小孩逢年過節也會跟著大人到各地參加廟會活動。看到手裡拿香，跪在拜墊上口中念念有詞的人們，我相信這情景不只是小孩，看在一些外籍人士眼中，也一定會好奇想問：「他們在跟誰說話呀？」、「他們在說些什麼呢？」。

的確，這些求神拜佛的人究竟在說什麼？我想，他們說的不過就是我們心中的願望吧！那麼，爲什麼願望一定要對著佛、對著菩薩，或對著神像說呢？

因爲這對中國人來說，是一種心靈信仰的寄託。認爲只要多拜菩薩神明、多去供奉，祂們自然就會保護我們。所以，拜佛可以求生意興隆、健康平安、學業進步、事業順利、傳宗接代……這就成了現代人習慣拜拜的主要原因了。

「拜拜」是台灣的一大要事，常會看到各地舉辦盛大神明出巡或遶境活動，有時甚至還得動用交通警察出來指揮交通，可見這神威有多大呀！

民間習俗千百種，讓神明護持、加持的儀式也非常多，但爲什麼有些人拜佛能興家興業，有些人拜佛拜了一輩子卻還是翻不了身呢？這其中到底有什麼玄機？如果不拜，是否會遭受天譴？會不會受到詛咒呢？答案顯然，當然是「不會」。

那麼，信仰的眞實意義是什麼？是面對自己的良心能夠求得心安。

我們手持三炷香，在一尊我們相信的神明面前默禱，心中或口裡敘述我們的願望、敘述我們所面臨的困難苦痛，祈求神明能下降來協助自己，化解這樣一個困難。能將自己潛意識裡的苦痛述說出來，不僅是一種能量的釋放，更是心靈的依託。

未還願的代價

其實我們要求心安理得，應從日常生活中的爲人處事做起，而不是在拜佛的當下，憑空要求菩薩或神明給你什麼，或應允你的要求。

每逢初一、十五的前一天晚上，所有有空參與晚課的師兄、師姐都會來到佛堂。每個月佛子齊聚在佛堂共修，相當溫馨。我也會親手準備一些素菜，像是碗粿、素麵線、炒米粉等，讓念完經的師兄、師姐可以開心享用。

一直以來，這些食材都是由阿嬌的店裡供應。阿嬌賣素材已經十多年了，自己茹素也將近二十年。除了是為健康著想外，本身也算是個虔誠的佛教徒。

有天我到她店裡準備食材，發現門口貼著休息公告。

「咦，阿嬌今天休假呀？真難得！」因為我常說阿嬌是勞碌命，而且是那種一休息就會生病的人。

因為阿嬌的住家就在店舖樓上，所以我試著打電話給她。根據我對阿嬌的了解，她是那種就算休假也只想在家補眠，哪裡都不會想去的人。

「喔？沒人接耶！」我心裡納悶，但念頭一轉：「好吧！阿嬌有機會出去走走也好，免得悶出病來。」

就在我準備開車回佛堂的路上，電話響了！我看了一下來電顯示，是阿嬌回電。

「阿嬌？不會這麼剛好吧，我才走她就回來？」我接起電話，但電話那頭卻傳來她呼吸急促、顫抖的聲音。

「老師！老師！求妳幫幫忙！」平白聽到阿嬌的求助，也讓我緊張了起來。

「阿嬌，妳怎麼啦？不要急，慢慢跟我說。」

「也不知道怎麼回事，我們阿豪今天早上突然昏倒，我們趕緊叫救護車把他送到醫院，但沒多久，他居然吐血了！」阿嬌慌張地向我陳述事情的大致經過。

「啊？吐血！怎麼會吐血呢？」我驚訝地說。

「老師，拜託妳幫幫我們阿豪吧！」

「阿嬌，妳不要慌，等阿豪的檢查報告出來，先聽聽醫生怎麼說，我們再來看看後續應該做些什麼。」愈是著急，愈應該冷靜下來，這樣才能找到對事情真正有幫助的方法。

隔天一早，阿嬌就打電話來，「老師，檢查報告出來了！」

「報告怎麼說？」我問。

「醫生說從目前的檢查看來，應該是胃部大量出血。但因為血還沒止，所以內視鏡也還查不出來。」阿嬌擔心地說。

「那其他血液報告呢？」我追問。

「也還沒出來，唉，希望一樣沒事！」阿嬌心有餘悸地說：「老師，妳知道嗎？真的好險，昨天就差那麼一點點。」

「什麼只差一點點？」我不懂。

「昨天那個時候，阿豪本來是要開車出去工作的，後來因為剛好接到一通客人的電話，耽誤了一下，才在家裡發作暈倒。如果是開在路上才發作，那可能就不是像現在這樣了。一定是菩薩有在保佑，阿豪才能躲過一劫。

而且醫生也說，阿豪是因為胃部大量出血的緊急性休克，還好有及時送到醫院來，不然在昏迷的情況下吐血是很危險的。以前也有人因為這樣，家人又沒注意到，就這樣走了。昨天看到阿豪吐血，真的快把我給嚇死。不過他到現在也還沒脫離險境，醫生還在幫他做止血……」說著說著，阿嬌又開始擔心了起來。

於是我安慰她：「妳不要擔心，既然阿豪現在人已經在醫院，那一切就以醫護人員的專業來處理，一定很安全，醫生也會給阿豪最好的治療，後續我也會再做觀察，請菩薩加持，讓阿豪盡快復原。」阿嬌因為不敢離開阿豪身邊太久，連忙說了「謝謝」

就趕緊放下電話。

在檢查報告出來之前，阿嬌每天一早都在自家門前點香跪地，請求老天幫忙。當檢查報告出來，發現阿豪的血液透析指數似乎不太對、要做進一步檢查時，阿嬌又打電話給我，告訴我醫院方面的處理方式。

我跟阿嬌說：「目前阿豪的狀況可以暫時先壓下來，但我查了一下為什麼阿豪身體會突然變成這樣的原因。」

「那是怎樣？」阿嬌急忙問。

「妳仔細想想，去年年初妳們家是不是有親人往生？」

阿嬌想了一下：「有！是阿豪住在南部的叔公，因為胃癌走的。那時候阿豪還難過了好久，因為阿豪小學的時候，我因為工作關係幾乎都不在家，所以大都是由叔公在照顧他，他們兩個的感情很好。」

我接著問阿嬌：「那妳們有在菩薩面前許什麼願嗎？」

「好像沒有耶！」阿嬌露出思索的表情。

「沒有？那為什麼我會收到一些好兄弟的訊息，說妳們說話不算話，該給的沒給呢？」我把我收到的訊息，傳達給阿嬌。

「真的喔，那我再想想……」一會兒後，「啊，老師，有啦！我記得阿豪叔公癌症末期的時候，因為常常吐血，阿豪看了很心疼，所以就跟菩薩許願：『只要叔公不再吐血，我就要念五十部的《藥師經》佈施迴向。』」

「那後來念完了嗎？」我問。

「好像沒有。因為阿豪許完願後的兩天，他叔公就沒有再吐血了。」阿嬌說。

「既然這樣，為什麼不念完呢？」我不解。

「我聽阿豪說，他在念的過程身體就一直覺得不舒服，所以一直撐到他叔公止血，他就沒再念了。」阿嬌解釋著。

「妳看是不是？人家阿飄說的是真的吧！是妳們自己說話不算話，原來阿豪是被處罰的喔！」我故意語帶恐嚇地跟阿嬌說。

聽我這麼說，阿嬌開始緊張了，因為她怕阿豪會跟他叔公一樣，趕忙問：「老師，那……現在該怎麼辦？」

「還債呀！」我說。

「好好好，所以我只要把剩下來的還完就可以了吧？」阿嬌天真地說。

「阿嬌，妳以為妳在賣素材，還論斤論兩呀？妳不能把念經當成做生意喔！請妳連本帶利還六十部。」我提醒阿嬌。

「啊！六十部喔？……好吧，老師，只要對阿豪有幫助，什麼我都會做。」後來阿嬌很用功地在家花幾天時間，將六十部《藥師經》全都念完。差不多時間，阿豪的精密化驗報告也已經出來。我接到阿嬌來電，電話那頭的她高興地一直謝謝我、謝謝菩薩，因為阿豪終於過了這一關。

「老師，謝謝妳幫了阿豪一個這麼大的忙，現在我們阿豪復原得很不錯喔！等過幾天阿豪出院了，我會帶阿豪親自上山來謝謝菩薩的。」阿嬌開心地說。

在佛教徒的每日早晚課中，必須要能起懺，從靜心禮佛中起心動念，對自己平日造的身、口、意業有所懺悔，從拜佛中悟出真理，並從佛前的每一跪一拜中，清淨了悟到自己的人生價值、生命的意義。

其實我們要求心安理得，應從日常生活中的為人處事做起，而不是在拜佛的當下，憑空要求菩薩或神明給你什麼，或應允你的要求。

因此，要把握每一個當下，真心的付出與分享才能讓自己健康又快樂。試著讓自己能有一個面對自我良知的機會，才會有真正踏實的人生！

次元世紀

所謂「次元」是一種空間概念，可以根據含括範圍來定義區分。就常人理解，可分爲一次元、二次元、三次元……因爲所增加的元素都是全新的概念，所以愈往上一個次元，就像來到另外一個不同的世界。

以人體比喻，細胞是構成人體的最小單位，接著是組織、器官、系統，最後形成人體。每往上一個單位，其實都包含了前一個單位的特性。

一般人所謂的「次元」，是從點開始，稱爲「零次元」；兩個點可連成線，稱爲「一次元」，就像啞鈴利用槓桿連結兩端點；兩條線可構成面，稱爲「二次元」，就像扇子的骨架展開後就形成扇面；兩個面可造成一個立體概念，稱爲「三次元」，就像搭帳篷的原理。

從點到線，再從線到面，最後形成一個立體空間。透過人類眼睛看到的「物質世界」，都是屬於三次元的範圍，也就是立體的世界。

但現今物理學中又加入了「四次元」的定義，那是在點、線、面之外，新增加的「時間」元素。人們很難想像四次元空間是什麼樣子，就像螞蟻很難理解三次元立體空間一樣。

因爲從螞蟻的體型及立面來看，只能看到平面的世界，根本無法知道何謂立體的形成，所以你很難讓螞蟻了解「高」是什麼。同樣的道理，存在三次元空間的人類，就像這隻螞蟻一樣，很難想像四次元空間到底是什麼樣子？更何況是五次元呢？

根據我的通靈經驗，四次元空間就是跳脫時間與空間概念的世界，在這個次元裡，意念到哪裡，我的感覺就可以到哪裡。比方說，牆壁對人類來說具有阻隔作用，但對於存在四次元空間的非人類來說，因爲已經跳脫了三次元空間，所以祂可以穿牆而過，到任何祂想去的地方。但在這個空間裡，不僅還有善、惡之分，也有祂們自己的情緒與行爲。

我就以很多人曾經遇過的狀況來對四次元稍作解釋。身處三次元空間的我們，常會聽到或碰到不能以常理解釋的事情，像是眼見（如看到往生親人、靈異照片、神佛）、耳聽（如奇怪聲音、半夜哭泣聲）或是感覺有人觸碰、被壓床等，但大多是因爲不了解其中原委，所以有些人會心生恐懼、有些人會好奇，或是有些人根本還是不相信等。

許多人們不知道，每一戶人家的祖靈，如果往生後沒有做好超薦，或是生前沒有特別的宗教信仰，死後多半會存在四次元空間，維持著生前的想法及樣貌，成了一般人口中的「阿飄」（甲家的祖靈，對於不相干的乙家來說，就是令人心生畏懼的阿飄）。

四次元的空間裡，除了阿飄之外，下至地獄道的衆生也都存在於此。因爲祂們在陽世間種了無數惡業惡因，存有惡念，所以必須在四度空間的地獄道來償還惡果。

在民間，通常會以傳統的祭祀或是禮敬方式去尊重四次元衆生，以求得家宅平安、諸事順利。但如果沒有概念，或是對這方面了解不深，還表現出排斥，甚至是冒犯的話，就很容易出現大問題。

要知道，這些與三度空間的人類交錯的靈體，有時也會因爲不經意，或是因爲三度空間的人類挑釁，進而產生蓄意捉弄的行爲，讓人以爲自己碰上「靈異事件」。因此，如果我們不懂得與四次元的「人」相互尊重，又怎麼可能和平共存呢？就好比螞蟻不小心跑到餐桌上，通常會被人們處以死刑一樣。

此外，也常有人會因爲一些「家族性」的問題前來佛堂尋求我的協助。比方說，生不出小孩、長子或長孫頻出狀況、女孩嫁不出去、家人的健康狀況不佳等，可是一旦追根究柢後會發現，其實很多時候，這些問題都跟家中的祖靈有關。可能是祖先的墳沒有安置好，也可能是祖先交代的遺願因爲子孫疏忽沒有完成，或是祖先在世時所造的惡業惡因沒有解決而禍移子孫等，因爲抱著「看不到就不用爲祂們做什麼」的駝鳥心態，而忽略了存在四度空間的「人」。

因此，常會有某家已經往生的阿媽、阿公跑來向我吐苦水，訴說祂們對晚輩的不滿與無奈，但又沒有管道可以讓晚輩知道，所以只好用明顯的方式來告知晚輩，藉此讓晚輩能注意到祂們。

可是，對於生在陽世三度空間的我們來說，這些方式可能會讓身體產生長期失眠、頭痛、胸悶、過敏、腸胃不適等症狀。如果沒有概念或警覺，往往人們都要到了長期就醫無效後，才會發覺可能是祖先在冥冥中做出提醒，這時才會想到要找老師來查明原因。

一旦這種時候，依照我的慣例，會先進行三方通話來找出根本原因（所謂**「三方通話」是指老師、三度空間的陽世家屬、第四度空間的衆生，三者之間的溝通**），這樣才能幫助祂們眞正解決四度空間所發生的問題。

我們也常看到一些生活在三度空間裡的人，因爲體質感應比較敏銳的原故（可以再分爲天生或刻意訓練），當他們跨越到四度空間後，就會產生精神或感應錯亂。

在我的佛堂裡，很常接到類似以下情況的電話：

「老師怎麼辦，又有聽到很多聲音在騷擾我，祂們整個晚上都一直在講話，害我沒有辦法睡覺……」

「老師，祂們要我幫忙祂們，又說祂們過得很痛苦！雖然聽完祂們的敘述覺得可憐，也想幫忙，但我想以我的能力是做不到的……」

「老師，就像這樣，我一直被祂們騷擾，而且祂們也已經影響到我的日常生活了。甚至有的時候，祂們還會不斷在我耳邊譏諷、嘲笑、威脅，說我如果不站在祂們那邊、不照祂們的話做，就要把我怎樣，或是對我的家人不利，我好害怕……」

這些情形就是三度空間與四度空間交錯時，被體質敏感的人（又稱攔截者）給攔截。我遇過好幾次，有些被干擾的當事人已經被搞得連自己是誰都不清楚，元神已經出竅不在身體裡（如同電腦或手機的當機狀態），代表意識已經到了四度空間，必須藉由老師的力量，才能將他把元神拉回（如同重新關機，再開機一樣），這樣當事人的意識才會清楚些，也才能與他繼續談話，但還是沒有辦法一下子恢復正常，仍會處在有些恍神的狀態（如同手機電力不夠，收訊不良）。

這時，如果那些可憐的朋友沒有找到眞正了解情況的貴人，只是單單尋求醫學治療而排斥或忽略其他可能的因素，很容易錯失最有效的調整黃金時期。儘管就醫時，你如實說出自己聽到、看到、感覺到有什麼人在你身旁做些了什麼，但經由醫師判讀，你可能只會得到如幻聽症、妄想症、躁鬱症、憂閉恐懼症、精神分裂症、被害妄想症等現代醫學名詞的病症，而該病症就成了你精神治療的依據，必須長期服藥，作爲安撫、壓抑、調整的唯一醫療方法。換句話說，這些人的意識、靈性都已經跑到四度空間，只是肉身還停留在我們的三度空間而已。

曾發生類似情況的朋友其實不少，如果當事人不懂得跳出、不懂得將自己的理智拉回現實，反而一再試探、好奇想要知道祂們在做什麼，即便透過老師溝通將祂們驅離，把當事人的磁場導爲正能量反應，還是很有可能會因爲當事人的意念又吸引祂們靠近，讓先前的所有努力白費。在如此惡性循環下，生活秩序也只能長期處在混亂之中。

這也讓我感到頗爲無奈，因爲這不是光找老師「處理」就可以解決的。四次元的衆生何其多！試想，雖然我這次幫助了受困者，但下次呢？僅憑老師一人的力量，是無法全天候二十四小時保護，或讓類似情況的人能全然免受干擾的。況且，這是當事人的問題，只要他們不打開天線攔截，不做相互接收，這些干擾便可自然停止。

但有些朋友會因爲覺得祂們可憐，想要幫助祂們，就依樣畫葫蘆，學著師父或法師的作法，在家自行舉辦超渡法會，卻不知道因爲自己的道行、修爲及溝通技巧根本還不足以應付這些尋討救贖的衆生，弄得自己的精、氣、神大失，只要到磁場稍微亂一點的地方，就整個人支持不住。但爲時已晚，就像俗話說的「頭已經洗下去了」，想抽身並不容易。

由此可知，自己的心念建設（須正直），以及對這個世間及靈界空間的多方了解很重要。唯有如此，才能不再掉入四度或五度這個空間錯亂的漩渦裡，好好過著自己正常三度空間的生活。

而這也就是爲什麼常見各大廟宇或佛堂會不定期、盛大且無私地舉辦超薦法會或是祈福法會的原因了。這麼做的目的不是爲了修行，也不是一個例行公事，這麼做的目的是爲了四度空間裡，漂泊不定、沒有依歸的無形衆生，好讓祂們離苦得樂、放下怨懟。雖然平時我們看不到、也摸不著祂們，可是祂們和我們是息息相關的，就像手心和手背一樣。

至於五次元以上的次元，像是六、七、八、九、十等次元，更是超乎一般人的想像範圍。什麼是神？又什麼是佛？到底「次元」是什麼跟什麼？相信多數人都是一頭霧水，滿臉問號。

別慌張，其實「次元」是人類爲了要能理解宇宙形成所產生的名詞。宇宙有多大，它本身就有多大，不論我們如何定義，它的大小範圍早就形成，不會因爲我們的定義而有所改變。「定義」本身是建立在三度空間裡的概念，由此衍生而來。但神佛的世界早已超脫時間、空間甚至是文字侷限，又要如何定義呢？

在佛家的定義裡，佛即是宇宙本身，宇宙的最高次元就是以「佛」這個字爲代表，祂是一切衆生的本性（因爲祂包含宇宙所有元素），也是宇宙的最高能量。

神佛的世界已經沒有時間、空間的侷限，也沒有善、惡之分（四度空間裡還存有善、惡）。所以佛家說：「如來者，無所從來，亦無所去，故名如來。」（萬物已包含在祂內，祂又該如何來、如何去？）

佛家勸人修行，而「修行」就是修回自身的本性。佛既然已經存在你的體內，你又為何感受不到？這就是你尚未找回（修回）存在自身的佛性！所以有人說：「看破紅塵，修行去！」那是因為他發現，自己所追求的功名富貴，只不過是三度空間裡的事，一旦人死了之後，就什麼都沒有了。

人的一生極其短暫，幾十年的庸庸碌碌，死後說不定還在四度空間裡打滾，既然如此，何不趁著現在好好修行，讓自己與宇宙最高次元融合，突破這些次元空間的限制呢？

這些高次元的神佛，不斷示現各種引領眾生的信仰法門，其實就是為了要讓我們能夠了解這些解脫的道理，希望將來有一天我們可以脫離這三次元的侷限，早日尋回存在本體的最高靈性，發現原來「我就是宇宙、宇宙就是我」。

小和尚的心願

過去不會消失，它只會變成另一個你的生活存在。別讓莫名的惆悵與悲傷阻礙你應有的人生方向，勇敢的去面對，找出問題的癥結點，幫助自己跨過人生中的黑暗期。

有一年暑假，我去某電腦補習班學3DMAX時，認識了翊翔。翊翔是位年輕的電腦程式設計師，碰巧那段時間他幫朋友在補習班代班，我們才因此認識。

翊翔這個小老師非常有耐心，上課時我的問題尤其多，但他還是會耐心一一解說，直到我理解為止。

有時課後和翊翔聊起，我發現，這個年輕人跟時下年輕人不太一樣。他不只喜歡接觸宗教活動，還會積極參與一些心靈成長的課程。只是，在和翊翔接觸的過程中，總覺得他帶有一種孤獨感，這會讓他不容易與人群接觸，也無法讓自己放得開。

據翊翔說，雖然閒暇之餘常用佛法中的持咒、打坐、念經等方式來消磨時間，但還是很難解開心中的惆悵與壓力。儘管身旁一些知心好友能了解翊翔的難處，但還是愛莫能助，無法為他帶來實際上的幫助。

看到翊翔流露出的無助與煩惱，讓我很想幫助他。於是，我請他找個時間到佛堂，試著幫他找出原因。

一個晴空萬里的日子，翊翔帶著既愉悅又期待的心情來到佛堂，準備讓我替他進行前世催眠。

當我請翊翔躺在柔軟的暖橘色沙發椅上準備接受催眠時，他還不斷囑咐我一定要幫他找出覺得孤單的原因，因為這種感覺，也不會因為有朋友在身邊而消失。翊翔就像出遠門前在交代什麼似的。

催眠進行中，我看見翊翔兩眼眼球不停地快速轉動，雙手慢慢緊握，並出現漸歇性的顫抖，露出難過的神情。

「看到什麼了嗎？」我問。但翊翔還是緊皺著眉頭，過了一會兒才說：「我看到了影像，這個地方我感覺好熟悉、好熟悉，似乎來過這裡。」

此時的翊翔已經開啓了前世記憶體，就像坐上雲霄飛車般，隨著車體瞬間奔馳，快速進入一道光束中。經過時光隧道，時間及空間都已立即轉換，翊翔看到了留存在記憶中的前世片段。

「翊翔，你說說看，你看到了什麼？」我引導翊翔說出眼前的影象。

「我看到在一條熱鬧市集的盡頭，有座高聳入天的青山。隨著崎嶇蜿蜒的山路向上走，可以發現一間看似荒廢、搭蓋著紅磚瓦片的屋頂，和兩扇半掩半閉的老舊木門在那，那是座古老的佛寺。

寺廟裡有位老方丈跟幾個沙彌，他們在寺內過著與世無爭又清幽的修行日子。老方丈在這山中佛寺已經修行了近六十年，平日除了為鎮上的居民祈福誦經外，還常將自己托缽化緣的善款，拿去救濟給在路邊行乞或沒飯吃的乞丐。甚至，如果見到父母雙亡、無依無靠的孤兒，還會慈悲地帶回寺裡撫養。

多年來，老方丈的佈施行善不會因為身體病痛，或刮風下雨、晴天烈日而有間斷，數十年來如一日。一直以來，老方丈都教育沙彌們要懂得感恩，知福惜福。

在一個下著雷雨的午後，年事已高的方丈將沙彌們召集在一起，說已知自己來日無多，要沙彌們堅強起來，並在眾多沙彌中，將衣缽傳給了一個名叫『立德』的小沙彌。平時寺院的齋食，全都是由他上山下山打理，年紀也最輕。

老方丈交代師兄們要齊心齊力協助小沙彌，即便自己不在，也要將佛寺繼續傳承下去，帶著菩薩的慈悲去救渡更多需要幫助的眾生。

在十二月的寒冷夜裡，山中一片寂然，彷佛連凋落在雪地上的蠟梅都能感受到寺院的寂靜。圍在老方丈身邊的沙彌們，從燭光中望著躺在床上看似睡著的方丈。自始至終都守候在方丈身旁的立德告訴其他師兄們：『師父圓寂了，菩薩接師父走了！』

寺院裡，徹夜念佛聲不斷。因為方丈的圓寂，從今以後，立德將以一個傳承者的身分接下這偌大寺廟，帶領著眾師兄們。

儘管悲傷，但立德還是要獨自撐起方丈的遺願。可惜方丈一走，師兄們幾乎都忘了師父的交代，沙彌們也都忘了師父對他們還是孤兒時所施的恩德，這對徬徨無助的立德來說，是相當大的衝擊。」

催眠到這裡，翊翔已經哭得淚流滿面，嘴裡一直不斷說著：「嗚～師父！師父！我好想念你呀！」

現在，翊翔終於知道自己為什麼從有記憶以來，就一直有這種孤單、無助的感覺。了解了前世的這段故事後，翊翔終於釋懷了。原來這種沁入心中的孤寂，是因為有段難以磨滅的故事在記憶中徘徊，即使時空背景都已經改變，但這段前世記憶仍然深深觸動著靈魂。最後，翊翔在此生中還是有個希望，期盼能再見到師父一面，以解長久心靈的等待。

過去的事情終究會過去，但心中的掛念真的會如同時間流逝般煙消雲散嗎？有多少人曾經對某個地方或某個人感到熟悉，甚至好像在夢中經歷過一樣。實際上，現在只是過去的集成，就好像大學之前你也讀過高中、國中、小學一樣。這些過去並不會這樣就消失，它只會變成另外一個你的生活存在。

別讓莫名的惆悵與悲傷阻礙你應有的人生方向，勇敢的去面對，試著找出問題的癥結點，幫助自己跨過人生中的黑暗期。

有佛緣的小狗

「生命」是造物者對世間的一個啓示之鎖，而開啓的方式與地點，則會因人而有所不同，又在於接應者的靈性，決定生命的存在價值。

人生總有許多關卡，可能是錢關、情關，或是生命的關卡。每當狀況出現，在人們急於求助、尋找高人指點時，是否曾經想過，「這些老師或高人是否自身也會碰到類似問題？是否也有無法解決的關卡？這時，他們又該向誰尋求協助呢？」

身為一個靈媒、一個神的翻譯者，所受到的考驗也是異於常人。學佛者講求智慧，而「考驗」本身的意義，並不只是一個考試而已，而是生命與智慧的延伸。

許多人在歷經難關後，不用多久便會忘記曾經遭受的痛，甚至還因此暗自竊喜，如同一個蹣跚學步的幼兒，絲毫不將事件的警惕放在心中，非得等到下次再度遇到難關，才會想起過去的痛，但這又是一個悔恨。

上天為何給我們這些考驗？這些關卡又有著什麼意義？我們必須在心裡提醒自己、反省自身，並運用得到的經驗及體悟到的解脫智慧來幫助更多的人！

做為「神的翻譯者」，必須通過一次又一次的考試，而且一次比一次難，就像要從毒蛇口中取珠一樣，相當不容易。可是，愈難的關卡，所能領獲的智慧愈大。

當「神譯者」的考驗來臨，己乎是無人能求、無人能救，根本不可能像常人一樣，還能尋求高人協助。這時唯一能救的，就只有自己。

這次菩薩給我的智慧試題是「生命的意義」。什麼是生命的價值？要如何判斷生命的價值有多少？是「人」才有生命的價值，還是「萬物」都有生命的價值呢？如果換做是你來應考，又會如何去定論呢？

球球是我家中養了四年多的小狗，平時活潑可愛，也懂得人心，每當對牠說話，似

• 生病前，活潑可愛的球球。

乎都能聽得懂。而且，牠非常保護我這個「媽媽」，雖然牠只是一隻小型比熊犬，可是對大狗根本不會感到害怕，也不會畏懼。

我對球球的疼愛，完全不輸給對自己的小孩。在別人眼中，球球可能只是一隻可愛的寵物狗，但在我心裡，卻對牠視如己出，彷彿心頭上的一塊肉。只要有牠陪伴，就能讓我忘去所有的疲累，壞心情一掃而空。

可是怎麼都沒想到，在老天的安排下，我的功課（靈媒的學科考試）竟然是要面對球球生命的一大劫數。

四月八日這天，我突然發現球球已經兩天沒小便。其實球球在一月中就有接受過膀胱結石手術，而這是發生在遵照醫師飼料處方兩個多月後的事情。

我的醫學經驗告訴我，不管是人還是動物，如果四十八小時沒有排尿，就會開始產生尿毒，進而導致腎衰竭，會有生命危險。因為我清楚知道這個警訊，所以隔天四月九日一早，便急忙將球球送往急診。

但不巧，當天是星期一，正好碰到以往幫球球看診的惠×動物醫院公休的日子，在分秒必爭的情況下，我立刻找了離住家最近、位於安康路二段的一家裝潢很新、標榜是台×動物醫院的黃醫生來幫球球看診，希望能盡速檢查並處理牠的狀況。

隨後醫院幫球球抽驗了血液，醫生看了看說：「如果妳再晚個幾小時，小狗的性命可能就保不住了！但現在要趕緊開刀，將卡在尿道裡的石頭取出。」

在與醫生談話的過程裡，我感到難以形容的不安，因為我完全不清楚這位醫生的醫術及醫德，遲遲不敢做出決定，可是醫生又說球球排不出尿的情況已經很危急，不能再拖下去，我也只好抱著懷疑的心情，勉強同意手術。

手術前，我向醫生提出全程在旁陪同的要求，醫生同意了。看著醫生草率地進行術前消毒，便開始為球球動刀。可憐的球球躺在手術台上，全身無力地任人宰割。

為了幫球球取出尿道裡的結石，必須切開牠的陰莖骨。醫生拿起一把手術刀，可是似乎是刀子不夠鋒利的關係，竟無法一刀劃開，反而在球球的陰莖骨上來回割著，才終於切開牠的陰莖骨，取出一顆顆圓滾滾堵塞在尿道裡的結石。

雖然最後是有把尿導出，但醫生卻不願進行灌洗、清潔等術後程序，就嚷著要他的助理（也就是醫生娘）拿針線來縫合，並外接導尿管幫助排尿。看來這診所的醫師，不論在醫德或耐心上，都相當令人失望。

這場手術，球球就在不鋒利的手術刀下，硬是被切開皮肉，取出一顆顆小石子。看在我這做媽媽的眼裡，真是心如刀割，深怕球球承受不了這樣的痛楚！反觀這位醫生，似乎覺得這是稀鬆平常的小手術，也不認為有施打抗生素消炎的必要，完全沒有憐憫之心，倒是醫生娘在旁心急如焚，心疼球球面臨如此嚴重的苦痛。

手術結束後，我暫時回到家中，經過一夜，我愈想愈覺得不對，於是隔天四月十日一早，我就打電話到台X動物醫院，想要詢問黃醫師球球的狀況，可是接起電話的卻是醫師娘。

「喂，我是蔡小姐，請問球球現在狀況怎麼樣了？」我問。

「牠狀況不太好耶！昨晚尿了一次，可是到現在都還沒有看到球球有再排尿。」醫師娘回說。

我聽了後，心裡一驚：「啊！怎麼會這樣呢？」可是她也說不出個所以然，於是我又急忙趕到醫院去了解球球的情況。

到了醫院，醫生看到我後，居然叫醫師娘先出去，由他親自來跟我解釋。「蔡小姐，妳放心啦，是我老婆搞錯了，球球有排很多尿，妳可以先回去了。」

我的直覺當下告訴我：「完了，再這樣下去，球球肯定撐不了多久！」於是，我提出要帶球球出院的要求，卻遭到醫師阻攔，但我堅持結清醫藥費，要帶球球離開。

經過一夜折騰，結清了開刀卻無人照料的費用共是近九千元後，我開著車，帶著球球飛奔到原本幫球球看診的惠×動物醫院，並將詳細情形告訴了球球的主治陳醫師。隨後，他們的醫護團隊立即幫球球做了X光攝影、血液分析。

結果出來，陳醫師表情嚴肅地告訴我：「球球媽媽，那位醫師並沒有將球球的結石取出來，而且膀胱裡還有一大袋石頭。」聽完之後，我的心都涼了一半，腦中不斷向老天祈求，如果讓球球再次開刀，一定要順利。

四月九日才動完一次手術，緊接著第二天，球球又動了第二次手術。在術後等待復原的這段時間，每天晚上我都會到醫院去陪我的狗兒子，讓牠不會感到害怕，可以快點好起來。

原以為一切都在恢復正常時，三天後，也就是四月十三日，我突然接到陳醫師的電話：「球球媽媽，球球的白血球一直在飆高，已經無法靠抗生素控制了，情況很不樂觀……」

後來，醫生檢查了球球先前陰莖骨縫合處的傷口，發現對方根本沒將傷口縫好，皮、毛、肉全都糾結在一起，根本就是亂縫。此時球球陰莖骨的傷口不僅紅腫不堪，還出現化膿發炎，早已潰爛，尿液還不時會從傷口滲漏出來。

醫院告訴我球球的傷勢後，要我趕緊確定是否同意再次打開傷口，刮除爛肉，進行清創。如果不動手術，醫師保證再等一天，陰莖骨就會整個潰爛，甚至脫落；但如果動刀，這就是球球五天內第三次動刀了。牠小小的身體要在五天內接受三次麻醉及大手術，恐怕體力會透支，免不了有猝死的情況發生。儘管兩難，但我仍必須為球球的生死做出抉擇。

就在這時，讓我煩惱的除了球球的病況之外，其實我手邊也正在處理一個相當危急的個案。因為小立的父親從樓上摔了下來，被送往加護病房，意識已經不清，處在昏迷當中，腦幹出血，而且已經呼吸衰竭。小立的姊妹都來到佛堂，希望藉由我的通靈能力，來查看他們父親是否還有任何挽救的餘地。

根據過往經驗，這樣情況顯然當事人的魂魄早已離開肉身，一定要透過「喚魂」來尋找，如果不這麼做，那他們父親的性命是可說是岌岌可危。可是，要找到魂魄在哪裡並不簡單，必須花費大量能量與功力，才能將跑掉的魂魄找回來。「喚魂」的工程浩大，必須心念集中，拋開任何雜念，專心一致的呼請當事人的名字，才能順利將跑掉的魂魄從外地帶回當事人體內。

但是回到我這邊，球球的病況也處在危急之中，時刻分秒必爭，不禁讓我感到一陣慌亂。後來我告訴自己，一定要鎮定下來，一定得專注在小立父親的身上，絕不能有任何差錯失誤。隨即便展開了「喚魂」儀式，當下切斷與球球的一切情感，拋開一切雜事，屏氣凝神、專心無誤地繼續儀式的進行，直至順利完成為止。

小立的媽媽則負責待在醫院陪著小立的爸爸，同時用電話來與佛堂這邊的小立姊妹做監控連線，以了解當下的狀況。果然不到半小時，從醫院那裡傳來了好消息，說小立父親的血壓已經慢慢回升，心跳也逐漸恢復正常。看到家屬開心，我更是開心，一條寶貴的人命總算是救回來了，小立的姊妹也暫時放心地離開了佛堂。

「為什麼別人的事情就能這麼容易處理好？」我在心中不斷質疑自己。「我的球球……」我的心思又回到球球身上。據醫生說，潰爛的部分也已經感染至睪丸，必須切除睪丸，才能抑止繼續潰爛下去。

我只好用堅定正向的信念，打電話給動物醫院，同意讓球球於當天四月十三日進行第三次手術。其實這時的我，一直以來強忍的情緒似乎已經到了臨界點。一手在救人的我，另一手卻在呼喊救命。

傍晚，手術順利完成。我去醫院時，球球也已經清醒。醫生見到我時，還似乎想安慰我的說：「幸好球球先天底子好，不然五天內連開三次大刀的小狗，這種接二連三的折騰，誰過得了這種難關呀？」

看著狗兒子吊著點滴，虛弱地倒臥在籠子裡，無法叫出聲音。兩眼泛著淚水，看著籠子外的媽媽，我只覺得牠在對我說：「媽媽，妳抱抱我……我好痛！好痛！」

每週二是佛堂例行性舉辦超渡法會的日子，我替球球做了冤親債主的超渡。過程中，來了一隻小黑狗（當然是另外一個空間的狗阿飄），牠怒沖沖地跑來跟我說：「球球上輩子也是狗，而且還是隻大狗，又是地方老大，到處跟別的狗挑釁打架，四處結仇，但因牠身強體健，幾乎沒有狗可以打得贏牠，也沒狗敢惹牠，所以牠就成了那個地方的惡霸狗。

有一次，我在和牠對打的過程中，因為我打輸了，球球毫不留情地咬掉我的命根子，讓我痛不欲生，最後我就是因為傷口潰爛才死掉的。」所以球球這輩子會有這種遭遇，果真是牠自己的業障造成。

因為這隻小黑狗的告白，讓我知道原來動物界也有這樣的因果循環。我也代替球球向那隻小黑狗深深地懺悔道歉，希望能得到牠的原諒！

超渡結束，原以為一切災難就此落幕，一切都能否極泰來。可是萬萬沒想到，另外一個潛藏危機又即將爆發！

自從球球開刀後，胃口就變得很差，一直不太吃東西。到了第三次手術結束後的第四天，也就是四月十七日開始，居然在胃中完全沒有食物的情況下，不斷出現嘔吐的情況。醫生見狀，直接施打止吐針，狀況就稍微減緩。雖然醫生說，只要球球能不吐，可以吃東西而且胃腸能吸收，就會好的很快。但球球就是無法進食，甚至連水都沒辦法喝。

牠的紅血球開始降低，出現貧血情況。醫師建議，可能是小狗不習慣醫院裡的氣氛，「或許在家舒服，情況就會慢慢變好了。」可是，回到家裡才一天，情況又開始走下坡。

從四月十八日晚上開始，球球出現持續不斷地激烈嘔吐。我整夜未闔眼，仔細觀察球球嘔吐的頻率，是規律性每半小時一次。直到隔天四月十九日早上八點為止，吐了約二十幾次，完全沒有停過。

我知道球球已經出現神經性的反射嘔吐，身體早已癱軟無力，所以一早我又急著開車將牠送到醫院。到了醫院，醫生趕緊抽血化驗：「這是急性胰臟炎，疑似胃穿孔，有可能還會併發腹膜炎，這些都是會讓球球立即致命的！」

這天，我守在醫院寸步不離，深怕球球突然發生緊急狀況時我不在身邊。「等牠今天情況穩定一些後，我就會幫牠做腹部超音波，看看有沒有腹膜炎的狀況。」醫生向我說明後續步驟。

但到了當天傍晚，球球竟然噴出一口約二〇〇ｃｃ的大量鮮血。我和醫師都嚇壞了，緊急將牠送往台北分院的加護病房做急救處裡。

在友人的陪同之下，我們將球球送往台北的醫院。一路上，我緊緊抱著已經奄奄一息的球球，壓抑住心中的慌亂與傷痛，當下大量持咒，只求這些經咒的能量，可加持灌注到球球身上，求菩薩能給球球多一些時間：「牠是健康寶寶，只要時間再多些，一定可以度過這個難關的！」

到了醫院，醫生見狀，當下緊急做出處置，表情嚴肅地說：「球球媽媽，球球現在的情況非常危險，我想妳還是要先做好心理準備！現在我們會一面施打藥物，一面觀察，看看這兩天球球會不會出現器官衰竭。」聽到醫生這麼說，不知道為什麼，我突然鎮定了起來，居然回答醫生說：「我了解了！」

四月二十日凌晨兩點，我飛車回到佛堂，跪在佛前，悲傷、失望、難過、沮喪交集的情緒全都一擁而上。

「菩薩，您告訴我，球球過得了這一關嗎？」我問菩薩。

「不能！」菩薩回說。

我張大了眼，含著眼淚，恐慌地說：「我知道您是萬能的，沒有什麼事情是您做不到的，所以請您加持能量在球球身上。請您協助醫師團隊在治療球球的過程可以一切順利！請您救救我的狗兒子，球球……」

「這是牠的業力使然，醫師也束手無策，沒人可幫。」菩薩告訴我。

「我不懂這是什麼意思？」我問。

但菩薩只回我說：「這世間，只有妳能救牠！」

這晚，我終於抑制不住心中積壓的情緒，在佛堂裡放聲痛哭。在極度無助、物極必反的刺激下，最後我終於悟出解救球球的方法，那就是「念經」。透過經文的力量，將磁場灌注到球球身上，這是我唯一能救球球的方法了。

接下來的日子，除了佛堂裡的固定工作外，其餘時間，我不是待在醫院，就是在念經。菩薩出的讀經功課，看起來還真是駭人，這絕對不是常人可以做得到的。

這時，每天看著我拚命念經的三姊說：「每天要念十部《地藏經》、十五部《藥師經》、十五部《普門品》、十五部《阿彌陀》、五千遍的「金剛心真言」、五千遍的「藥師咒」，這麼大量的經文，照理說應該要有起色呀，看樣子，應該是沒什麼用！我想，菩薩出這些功課，是要讓妳知難而退吧！」

「不是這樣的，也不可以有這種想法！球球情況的好壞，我從念經的數量和種類就可以預先知道。菩薩出這麼大量的經文要我念，我可以從中學習，了解到球球現在的危機，我們可以向牠激烈討報的業果，一一懺悔，使祂們能放下怨懟，結善緣。」我向三姊解釋。

四月二十二日這天，屋外下著傾盆大雨。大約中午時，我接到醫院通知：「球球媽媽，球球現在的白血球指數突然飆升到六萬，紅血球急遽下降至二萬的危險邊緣，血壓也快速下降，可能引發敗血症，應該是病危了，妳要不要趕緊來醫院一趟？」

我聽了只回說：「我知道了！」但這次我沒有急著往醫院衝，而是拿起《藥師經》，立刻走到佛堂門口，不顧屋外滂沱大雨的噴濺，就地下跪磕頭，打開《藥師經》，開始大聲呼請經書內的十二藥叉大將，請求祂們快到台北市○○路○○號的×僕動物醫院加護病房，救起我病危的心肝寶貝——蔡球球。

或許旁人會覺得這舉動看似瘋狂，但我確實如此反覆呼請十二藥叉大將不下二十次，大聲讀經，完全不在意來往人車的訝異目光。每一遍的真心懺悔，每一遍的誠心跪拜，我相信老天都看得到。就這樣，直到門外的驟雨變小，天色昏暗，我的衣服也早已濕透。

在念經的過程中，我完全忘了「擔心」二字，一心一念，專注在佛經中，重複再重複地讀誦與迴向給球球的因果病障、給牠的本命元神。直到天暗，我起身進入佛堂，才發覺已經是晚上六點。這期間，我沒有再接到動物醫院打來的電話。

換下濕透的衣服，我又馬上趕到醫院去看球球。一進醫院的門，就正好看見主治醫師走出。我急忙問：「球球現在怎樣了？」

「情況比中午好很多，血壓也有回升一些，但還是沒有脫離險境。」醫師回說。

進到加護病房，球球看見我來，竟然硬撐起虛弱的身體，站起來迎接牠的媽媽。看了牠的反應，就連醫護人員也嘖嘖稱奇，我的眼淚也不自主地掉了下來。

球球每天的情況都令人心驚膽顫，我更是不敢鬆懈。但我每天所做的功課，都只能保持住球球「當天」的性命，必須等當天的功課做完，才能再問菩薩需要為「明天」念多少的經，才能讓我狗兒子球球的情況更加穩定。因為只要經過大量誦經迴向，隔天原本不正常的指數，通通都會立即回到安全的指數範圍。

每天念經，對天、向佛祈求保佑，讓球球的狀況穩定。可是，今天穩定了「這個」，明天又出「那個」問題；穩定了「那個」，後天又有新的狀況發生。從醫生的經驗判斷，像球球這種情況的小狗，大都沒辦法活過三天，可是球球竟然撐了一、二個星期，連醫生都覺得相當不可思議。

這時，佛堂裡的志工們在得知球球危急的情況後，紛紛犧牲假日時間，一同趕來佛堂為球球誦經祈福。看著大家為了球球如此齊心盡力，我心中滿是感動！醫生們絕對想不到，球球的背後竟有一個這樣的「媽媽」，拚了命也要將牠從鬼門關救回！如此日復一日的天人交戰與死神搏鬥，目的只是為了要將這條小生命留下。

經過二十一天二十四小時加護病房的監控搶救，並在大量經文能量的加持下，球球終於脫離險境，五月七日平安出院回家了。目前仍在恢復期，一切穩定，除了感謝志工們無私大愛的協助祈福外，另外還要感謝慈悲的菩薩。

球球的命是菩薩的再造，我能回報的，除了廣渡眾生無私的奉獻外，還要感謝天、地給了我這麼刻骨銘心的學習，讓我這個「神譯者」的角色，能發揮得淋漓盡致，深深了解生命的意義！

球球出院前的四天，當我在佛堂裡跪求菩薩時，諸位菩薩突然降下訓示，並要我將它寫出。以下是訓示內容：

壬辰年五月三日凌晨零點十五分

釋迦牟尼佛：

*「什麼是神譯？妳知道神的翻譯都在做什麼嗎？」佛在質問。

*「是翻譯人的未知、無知！由佛點出，有緣解脱、無緣再過。」

*「而妳可知道生命的意義又是什麼嗎？」

*「生命的存在、不在乎長短，而是一個真實的存在價值，可留存在宇宙空間裡，永久不退的影子。」佛在解釋。

*「生命，是造物者對世間的一個啓示之鎖，這開啓的方式與地點，會因每個人而不同，又在於接應者的靈性，決定生命的存在價值。」

*「什麼樣的生命，在妳心中是重要的呢？」佛一連串的問題在問我。

*「身邊的人嗎？還是動物？還是萬物？每個人有知覺的感受，但少有人有『覺知』的頓悟。」

*「妳是佛所看過的人中，高靈性者，洞察入微，悉心沉穩，亂而不亂，條理是非分明，萬人中選一，真難得啊！」看似是稱讚的意思。

蔡：您是誰呀？（此時我已泣不成聲）

釋迦牟尼佛：

*「釋迦牟尼佛本尊！」

*「妳應該高興為佛所傳之弟子，有著萬能的能。」

蔡：我什麼都不要，我要我是一個平凡的人；我什麼也不奢求，我只要求讓我是一個平凡的人呀！（我滿腹委屈，大聲哭泣）

釋迦牟尼佛：

*「當初受妳戒，即是認定妳是佛的接班人，怎知妳跑了萬劫，還是又遇上了。」

*「妳要真當一個平凡的人嗎？一個無憂無慮的平凡人嗎？」

*「妳認為，什麼又是平凡呢？不為柴米油鹽費心的人？不為五斗米折腰的人？不為人低聲下氣的人稱平凡人？」佛舉了各式各樣的例子，要我想想什麼是平凡。

*「他們真的不苦嗎？他們是累世的苦呀！想要脫離都難！」

＊「妳是佛的一個子，不為在人間煩而煩，只為救世間人的苦而煩，有何不好？」

蔡：可是您每次教課，都拿我身邊的人作為我學習的標靶，威脅我，但您都是說在教我。

釋迦牟尼佛：

＊「有何不妥？不是妳相關的人，妳會真心體會、真心找出問題根源嗎？」

＊「不痛不癢，事不關己，就是人類失敗與痛苦的最大苦點。」

＊「有多少人能像妳？妳對一隻狗，我們稱為畜牲，是如此這般的付出與用心，視同己出呢？」

蔡：我也知道您們隨時都在評斷我的功與過。（我有一點不平）

釋迦牟尼佛：

＊「看歸看，要悟道其中要訣，不是一般人可悟道的呀！」

＊「換做別人，這條小命，早沒了！」

＊「就只能聽天由命了，任人宰割。」

＊「一般人也就認定牠是一條狗，狗命就是狗命，狗命哪能當人命來救！」

＊「可是妳不分大小你我，狗命與人命都是一樣。」

＊「這就是生命。」

＊「牠的存在價值在妳的心中，牠的重要也是在妳的心中。」

＊「妳幫牠完成功德，消除業障，牠就福報大增。」

＊「很少有人能體會到生命在流逝時的可惜，大多數的人都在生命到了盡頭時，而憐惜、病苦、惆悵滿在心中，感到無奈。」

＊「即使一個生命結束了，也只是無聲無息默默消逝在這分土地空氣中，誰會在意？」佛也搖頭感到無力。

＊「傻孩子，妳知道生命到底是哪裡重要？」

蔡：生命存在的當下是重要的。

釋迦牟尼佛：

＊「如何讓將要流逝的生命，停下腳步或放慢流逝的速度呢？」

＊「妳不要只光哭，學習還是得學習。」

蔡：我停不下自己的眼淚。

釋迦牟尼佛：

＊「佛問妳，如何能在狂風暴雨中，維護一盞即將熄滅的小燭火？」

＊「妳會為了躲雨而丟了這或許能為妳取暖的燭火，還是會為了這個僅存的燭火而用盡方法讓它繼續燃燒？」

蔡：一般人如果在強風暴雨中，可能會先想這燭火對自己有沒有用處。如果沒用處，可能就會直接扔了；但是我不這麼想。我會用盡全力、想盡辦法來維護我身邊的小燭火，因為一個不小心，很容易就會被外來的雨滴、大風，輕易地澆熄吹滅。

但如果能在狂風暴雨中，小心地呵護著這小燭火，加快自己的腳步去找尋一堵避風雨的牆角，或許小燭火就會變成一把火炬，可成為黑夜中的光明。

釋迦牟尼佛：

＊「即便暴雨打在自己身上、狂風吹在自己身上也不放棄最後的希望？」

蔡：對！

釋迦牟尼佛：

＊「這就是智人與愚人的差別了。」

蔡：智人與愚人，我不懂。

釋迦牟尼佛：

＊「看著妳為了這條小生命，拚了自己的命在維護著，不問任何代價、不管如何疲憊，妳都堅持自己對的目標在前進，沒人陪，自己苦、自己撐。有人一起努力，大家累了一起衝，佛歡喜！佛感動！」

＊「世間還有如此之善，難得呀難得！」佛覺得我的傻勁使祂們感動。

＊「不分你我、不分內外，大家唯一的一個信念，『只要牠好』。牠的福報大、命也大，三翻幾次的折騰，也是牠所牽引之業力所致。」

＊「今生有妳，妳是牠的『貴』；今生有牠，牠是妳的『慧』！」佛在說我和球球今生互相的緣分。

＊「命要貴，還需福慧雙全才能稱之，妳瞭嗎？」

蔡：我懂。

釋迦牟尼佛：

＊「這一次的教學，辛苦妳了，讓妳苦、讓妳痛，佛也在助妳呀！」

＊「要有所成，必有所付出。」

蔡：我又沒有要有所成什麼，您們好殘忍、好殘忍！（我滿腹委屈一下子全宣洩而出，嚎啕大哭）

釋迦牟尼佛：

＊「莫怪佛！一切有為法，如夢幻泡影，如露亦如電，應作如是觀。」

＊「這一課妳懂了，什麼是生命的珍貴。」

＊「妳過去的認為，現今的你，認為如何呢？」

＊「沒有吃得苦中苦，如何成為人上人？」

＊「神譯，有如此好當！」

觀世音菩薩：

＊「孩子，別再哭了，這些天妳一心一念在為這個小生命爭取機會，我們全看到了。」

＊「佛也助妳，妳別怪我們的為難了！」

＊「這陣子，佛給妳好多的時間可做事，不是嗎？」

蔡：我知道呀！我就知道一定是您們呀！

觀世音菩薩：

＊「妳是極度聰慧者，妳也知佛在觀，平日在看妳，妳做的完美，讓佛無法挑出妳的毛病。」

＊「但大考當頭仍需考，上面在看妳。」

＊「到底悟道多少？」

＊「放下多少？」

＊「了解多少？」

＊「醒了多少？」

＊「所以出此考題。」

觀世音菩薩：

＊「唉，也真難為妳了。」

*「妳做的，我們都看到了！」

*「妳的是非公私分明，亂中有序，是妳的醒。」

*「妳的堅持、不放棄、找問題、去解決，是妳的了解。」

*「妳的無我付出奉獻，不計任何代價，涵蓋金錢、體力、能力、時間，是妳的放下。」

*「在於今天，妳終於懂了，是妳的悟道。」

蔡：您們好可怕、好壞、好殘忍的對待我！

釋迦牟尼佛、觀世音菩薩：

*「我們是愛妳的。」

觀世音菩薩在與釋迦牟尼佛說：

*「好了，別讓她再哭了，課程結束了。」

*「妳明天不是還要繼續努力嗎？」

蔡：對呀！我的球球過關了嗎？過關了嗎？

觀世音菩薩：

＊「球球這小寶貝，真是有福報，這輩子跟了妳。」

＊「牠還需幾天的時間調整。」

蔡：幾天？

觀世音菩薩：

＊「三、四天吧！」

蔡：不管怎麼樣，我真的還是一股腦兒感恩菩薩救了牠。不是您們，我想我也不可能把牠留下來了。（剛剛知道這是考試，心中很嘔，但馬上歡喜就湧上，因為球球可以做善事，幫助眾生了）牠的命是菩薩給的，我除了感恩，也只能奉獻於佛法中，去幫、去救更多的生命中的生命！

壬辰年五月三日凌晨三點零四分

小狗球球的故事，我相信可以幫助很多人。如果你現在正因家人罹患重病，連醫

• 趴在拜墊上禮佛的球球。

生都束手無策而苦惱，在看完球球的經歷後，是否會覺得，黑暗的天空中，眼前即將劃出一道光明呢？

其實，只要我們願意努力，上天一定會給予我們很大的機會，讓我們能為自己心愛的家人盡最大努力。或許其中困難重重，或許需要智慧，或許需要很大的勇氣與付出，但只要我們願意，就有一絲希望，就絕對不能放棄！

如果有人能從球球的故事中得到啓發，有人因而挽救一條寶貴生命，那麼球球的付出就是值得的，這也是老天讓牠活下來的「生命價值」！

球球現在在佛堂裡，也會自己趴在拜墊上磕頭囉！很神奇吧！大概是因為牠成為菩薩的孩子，開智慧了！

眞正的智慧

月明則爲天明，天明則爲地明，天明、地明則我心明。因此，佛明我心，可見月光乃爲我佛也。今我爲佛弟子，不取一文得到我佛，故我心中即有佛光。

身為老師的我，年輕時為了增長經驗，只要每年適逢學生寒、暑假，我就會跟著一起放假，去報名各式各樣的進修課程，靜態的像是有電腦課、音樂作曲課、書法課、國畫班、銅雕班、拼布班、插花班、中國結班；動態的則有氣功課、太極課、羽球課、網球課、國標舞、爵士舞等。

依照我的個性，每種課程我都會持續學上好幾年，還喜歡去考一堆證照擺著，以備將來不時之需。因為喜歡學東西，所以只要一有機會，就會將自己的生活安排得多采多姿。

除了這些時尚的課程之外，我也喜歡上佛學課。聽著聖嚴師父、淨空法師的演講，覺得人生是這麼難得，應該要好好把握，讓自己的年輕不留白。

聖嚴師父曾經說過這樣的故事。

大陸黃山上有個老和尚，在他接近垂暮之年，想將衣缽傳給他的內定門徒。眾多弟子中，有三位弟子悟禪極深，所以老和尚決定從這三個人中，選擇一位作為他的接班傳人。

在一個暮色蒼黃的傍晚，老和尚感受到自己的壽命將至，於是便傳這三名弟子到他床邊，表示要選出繼承人。三名弟子跪在老和尚床前，聽著師父的吩咐。

老和尚對這三名弟子說：「現在，我會給你們每人一枚銅錢，你們各自去買一樣東西，看誰買的東西既便宜，又能塞滿我這個禪房。」三名弟子拿到銅錢後，就各自去準備了。

其中一個弟子的動作很快，沒多久的時間就回來了。他告訴老和尚：「師父，我買了幾車的稻草回來，它足以塞滿整個禪房。」老和尚聽了嘆口氣，頻頻搖頭蹙眉，似乎有些失望。

接著，另外一個弟子也回來了。他從袖子裡取出一支蠟燭，將蠟燭點燃，告訴師父說：「師父，燭光可以使得整間禪房溫暖，也能塞滿整個禪房。」老和尚聽了，面露喜悅，口中隨即說出：「阿彌陀佛」。

這時，老和尚看著一旁年紀最小的弟子，因為他從頭到尾都沒有離開，一直守在師父身邊，一路閉目，雙手合十。

「你的東西呢？」師父問他。

小弟子張開雙眼看著師父：「師父，我的東西已經買來了。」說完，便起身將剛剛第二位弟子的蠟燭吹熄。頓時，禪房變得一片漆黑。用手指指向門外：「師父，弟子買的東西已經來了，請師父看看窗外。」

順著小和尚的手指方向，眾人一起將目光看向窗外。只見東方半邊天上，從地平線躍出一輪滿月，冉冉升起。而這金色月光照進禪房，使得禪房裡灑滿光輝，一片通明。

老和尚驚訝地半張著嘴，半晌無語，禪房裡一片寂靜。過了許久，老和尚才問這個小弟子說：「你何以悟出此法？」

小弟子再度雙手合十，恭敬地對師父說：「固然甘草價廉、平庸，能塞滿禪房，但會使得禪房不潔而黑暗雜亂；而蠟燭雖小如手指，不值一文，且燭光能充盈禪房，但燭光終究只能維持霎時，無法生生世世陪伴，故買燭亦非上智，不能為也。」

其他弟子沉吟片刻，神情肅穆。小弟子接著繼續說：「月光既出，玉宇澄清，月光可謂九天中最無價之物，那月光又為何物呢？『月明則為天明，天明則為地明，天明、地明則我心明。因此，佛明我心，可見月光乃為我佛也。今我為佛弟子，不取一文得到我佛，故我心中即有佛光。』」

聽完小弟子的這段話，老和尚立即脫下袈裟，披在他身上說：「你心中的佛光，乃上智中之智聰、智慧者也。」於是，老和尚便當場宣布小弟子為傳承弟子，也悟出了生活的禪意。

我們心中的佛光，誠如生活中能帶給我們的快樂、美滿、幸福與溫馨，這也就是我們在世間所追求的真、善、美。如果你是這位老和尚的門徒，又會怎麼做呢？

所謂「禪理」，就是把當下的問題看破。「過去環境」造就了「現在思想」，「現在思想」又會形成「現在的外在行為」，就等於「結果」。

因此，每個人都應該腳踏實地、一步一腳地體驗人生各階段過程，看清楚自己的每一個念頭。想要改變曾經就有形成障礙的執著，修圓一切善緣，不執著誇大曾所修之善，才是真正的禪修。

菩薩曾經對我說過：「生命的精髓，也是最重要的地方在於，必須懂得播種。如果妳想要什麼、需要什麼，就要撒下什麼樣的種子。過程中還要小心呵護，雖然辛苦，但當它們開花結果時，妳就大豐收了！」這也就是我們常聽到的，「種什麼因，得什麼果」。

試想，假如自己是個農夫，雖然播種確實是件很辛苦的事，可是要是只看眼前的辛苦就將鋤頭放下，坐在這塊荒地上，存著僥倖的心態，看看能否等到作物收成，相信最後不管等上多久，甚至是一輩子，這塊荒地除了雜草叢生以外，是不可能等到甜美果實的。

好比說，如果希望收成的是「快樂」，就必須先播下快樂的種子，也就是帶給人快樂；如果希望收成的是「財物」，就必須先種下財施佈施的種子；如果希望收成的是「友誼」，就必須先灑下與別人建立友誼的種子。

一定要記得，凡事「播種為先」。如果這塊土地就是你自己，你想種些什麼呢？

生在禪林

說到「修行」二字，很多人可能會直接聯想到傳統的修行人，淡泊名利，過著吃齋、念佛的生活，或是住在廟裡，不食人間煙火。如果再說到「禪修」，可能又會讓人聯想到金庸武俠小說裡的人物，隱居深山，是位具飛簷走壁本領的高人，爲了練就絕世武功，才選擇一種極爲困難的修行方式。

之所以會有這些想法，是因爲潛意識告訴自己想要逃避，害怕自己因而受到束縛、失去自由，才會找出這麼多看似合理的理由來作爲自己不願接觸這塊領域的藉口。可是，偏偏我們又無法跳脫紅塵俗世的罣礙，常常爲生活帶來困擾。

那什麼是「禪修」？其實禪修就是從我們的行、臥、起、坐中修練，以此作爲教學教材，修掉我們的壞習氣，穩定自己的心性。至於練習的道場，就是我們日常生活與人共處的環境。

曾經有人跟我說：「老師，我也有過練習禪坐，可是每次一坐下來，腦中就會冒出很多事情。我也很想讓自己平靜下來，但試了很久還是連一分鐘都靜不下來？」或是「老師，爲什麼我們的心總是這樣一刻不得閒呢？」因爲，這一切都是取決於自我對「心」的認知。

舉例來說，一群人到同家餐廳用餐，可能有人覺得餐點好吃，也有人覺得不好吃，像這樣對一件事物作出判斷，就是認知及感覺。但如果沒有辦法讓自己覺醒，這輩子是很難學到東西的。

想要懂得「平靜」是什麼，首先就要去找出自己的「心」在哪裡。心必須從我們日常行、臥、起、坐的覺知裡去找。也就是說，要觀察自己心的變化，才是增長智慧最根本的不二法門。

後記

愛與慈悲的力量

愛是世界最大動力、是宇宙永恆不變的能量

二〇一二年末日話題，曾經受到許多人的關注，當時坊間預言書比比皆是。有些是依據馬雅曆，有些則是依據《易經》天象學記載，當中都會出現關鍵數字或預測，甚至連美國太空總署都曾發表過相關訊息，看起來似乎是全宇宙人類將要面臨的一大挑戰與考驗的蛻變期。

但無論上天要給我們什麼訊息、要讓我們學習什麼，或是宇宙人類即將面臨什麼災難，都要有所覺悟，了解宇宙存在的本質，以及人類存在宇宙的眞實價值。這些，都是我們需要學習的人生課題。

上天透過種種訊息警示我們，「宇宙法則」裡最重要的意義，早已融入在我們「世間法」的軌道中。更提醒我們，該拾起宇宙之母所給予我們最初的信物——愛。可惜人們卻早已將它變質爲貪念、血腥、仇恨，「愛」也就如此被層層負面能量給覆蓋住。

而人類自我摧毀的火炬仍在不停侵蝕擴大著，將宇宙賦予我們的自然能量，用這柱火炬，一點一滴地消耗殆盡。也就是說，我們正在燃燒上天賦予我們的能量。

可惜，只有少部分人會去正視它，如同有些人一定要經過生死交關的大病後，才能頓悟很多世間事物一樣。因爲已經發生了，才懂得去珍惜，而後自己整個生活模式及心態，都將因這巨變產生改變。這也像只有愛花的人才懂得珍惜花、愛書的人自然將書視爲黃金的道理一樣。

其實任何末日預言，其眞正涵義應是上天欲提醒我們，該去停止或改變什麼的時間到了。這幾年國內外出現許多「光的工作者」，以及提倡靈性啓發的老師在接收訊息後，於課程中不斷教育學員，啓動愛的能量，捨棄以自我爲中心的態度，讓我們學會用眞心愛人，使得這份「愛」能生生不息，能時時爲他人著想，並且用同理心去看待世間所有事物。

將上天賦予我們與生俱來、廣大厚實的愛重回到心中，藉由「深深懺悔」去化解人類曾經的無知，起動轉化改變的意念，讓靈性的覺知能再度揚升。

把「愛」的能量與信念，藉由宇宙中最深、最遠的那光束，從我們這端（地球、人類）來導引、傳遞出去，讓全宇宙人類能因此得到淨化，從黑暗的風暴中跳出，迎向正向、充滿愛的另一個世紀。

城市的小孩

有一位母親，爲了教育嬌寵的女兒要珍惜當下美好生活，千里迢迢從城市來到偏遠鄉下。在車上，母親告訴女兒等會兒會到一個沒水、沒電的地方。只見女兒皺著眉頭，一副無法理解的樣子。

沒多久，她們到了老鄉家裡。母女倆從一個看似乾枯的井中打起一桶水，這還是去年累積下來的雨水。老鄉告訴她們，如果日常生活用水不足時，這水還必須循環使用。

隨後，他開始教這對從城市來的母女，如何用這有限的水來洗臉、洗澡，還有洗衣服，甚至還能用來餵豬。

「這水已經這麼髒了，怎麼還能拿來餵豬。」十歲的女兒在旁邊喊著。「那妳覺得可以餵牠們喝些什麼？」媽媽反問女兒。「如果沒有水，可以拿牛奶或果汁給牠們喝呀！」女兒說。「妳覺得這剛打上來的水不能喝嗎？」媽媽又問。「對，不能喝！很髒很髒！」女兒非常肯定。「如果妳已經很渴很渴，好幾天沒喝水了，也不喝嗎？」媽媽再次確定。「不喝！」當晚女兒哭了，不光是因爲口渴沒水喝，還因爲覺得這裡熱，沒有冷氣吹，實在是太苦了。

由於此地乾旱，無法栽種蔬菜，這幾個月來僅有的蔬菜就是馬鈴薯，但爲了招待遠方來的母女，老鄉還特地去買了韭菜。可是，當女兒看見他們用雨水洗菜、揉麵時，她拒絕進食。

只是，再大的堅持也敵不過口渴的難受。到了第二天晚上，她終於喝下兩天來的第一口水。本來以爲水會難以入口，沒想到喝了之後竟然如此甘甜，跟想像中的完全不同，一樣可以解渴。

一個出生在大城市，一個出生在窮鄉僻壤，你既沒有做對什麼，他也沒做錯什麼，那麼生活爲什麼會有如大的不同？

因爲「自然條件」的差異，造成老鄉與這對母女生命上的一大鴻溝。大哲學家尼采說：「受苦的人沒有悲觀權利」。如同故事中的母親，爲了教育嬌寵的女兒能用同理心來體會別人，費盡心思想給女兒一個生活教育，千里迢迢從城市來到鄉村，目的就是爲了讓女兒知道自己是生活在如此幸福的天堂，應該更珍惜老天賜與我們的厚愛。

世界各地還有許多等著我們伸出援手的族群，將我們對他們所付出的愛，再用來愛別人。只要能秉持正確的人生信念，用感恩的心去體驗造物主的厚賜，帶著心喜的態度去體會，就可以排除人生中所有的干擾與挫折，勇往直前，到達成功的彼岸。

懂得「愛」其實很重要，如果我們不了解愛的意義，如何能愛自己、又如何能愛他人呢？讓我們把這份信念，共同傳播到世界的每一個角落吧！

東西命理館 BF6013

神譯
看眾神如何透過現代靈媒寫下世間生死演繹

作者／蔡君如
企劃選書／何宜珍、魏秀容
責任編輯／魏秀容

版權部／葉立芳、翁靜如
行銷業務／林彥伶、林詩富
總編輯／何宜珍
總經理／彭之琬
發行人／何飛鵬
法律顧問／台英國際商務法律事務所　羅明通律師
出版／商周出版
臺北市中山區民生東路二段141號9樓
電話：(02) 2500-7008　傳真：(02) 2500-7759
E-mail：bwp.service@cite.com.tw
發行／英屬蓋曼群島商家庭傳媒股份有限公司城邦分公司
臺北市中山區民生東路二段141號2樓
讀者服務專線／0800-020-299　24小時傳真服務：(02)2517-0999
讀者服務信箱E-mail：cs@cite.com.tw
劃撥帳號／19833503
戶名：英屬蓋曼群島商家庭傳媒股份有限公司城邦分公司
訂購服務／書虫股份有限公司客服專線：(02)2500-7718；2500-7719
服務時間：週一至週五上午09:30-12:00；下午13:30-17:00
24小時傳真專線：(02)2500-1990；2500-1991
劃撥帳號／19863813　戶名／書虫股份有限公司
E-mail：service@readingclub.com.tw
香港發行所／城邦(香港)出版集團有限公司
香港灣仔駱克道193號東超商業中心1樓
電話：(852) 2508 6231傳真：(852) 2578 9337

馬新發行所／城邦(馬新)出版集團
【Cite(M)Sdn. Bhd.】
41, Jalan Radin Anum, Bandar Baru Sri Petaling,
57000 Kuala Lumpur, Malaysia.
電話：603- 90578822　傳真：603-90576622
E-mail:cite@cite.com.my
行政院新聞局北市業字第913號

封面設計／COPY
排版／浩瀚電腦排版股份有限公司
印刷／卡樂彩色製版印刷有限公司
總經銷／聯合發行股份有限公司
電話：(02)2917-8022　傳真：(02)2915-6275

2012年（民101）05月初版　Printed in Taiwan
2018年（民107）06月06日初版6刷
定價300元

商周部落格：http://bwp25007008.pixnet.net/blog
ISBN 978-986-272-171-1

國家圖書館出版品預行編目

神譯：看眾神如何透過現代靈媒寫下世間生死演繹／蔡君如 著
--初版. --臺北市：商周出版：家庭傳媒城邦分公司發行，
民101.05　280面；14.8*21公分.--（東西命理館：BF6013）
ISBN 978-986-272-171-1（平裝）

1.生死觀　2.靈魂　3.通俗作品
220.113　　101007873

FUTURE

FUTURE